食べるときカード

❶はおかずとご飯用、❷はパン用、❸は汁物用で

…ジをコピーする。
…ンチン時間
…ントがある
…き写す。

❶
・保存 → 冷凍　　週間
以内に食べてね
・温め方 → お皿に移して
レンチン(600W)　　分
memo

❷
・保存 → 冷凍　　週間
以内に食べてね
・温め方 → 自然解凍してから
お皿に移してお好みでチン！
(トースターでもOK)
memo

❶
・保存 → 冷凍　　週間
以内に食べてね
・温め方 → お皿に移して
レンチン(600W)　　分
memo

❷
・保存 → 冷凍　　週間
以内に食べてね
・温め方 → 自然解凍してから
お皿に移してお好みでチン！
(トースターでもOK)
memo

❶
・保存 → 冷凍　　週間
以内に食べてね
・温め方 → お皿に移して
レンチン(600W)　　分
memo

❸
・保存 → 冷凍　　週間
以内に食べてね
・温め方 → 自然解凍してから
鍋でひと煮立ち
(器に移してレンチン2分でもOK)
memo

❶
・保存 → 冷凍　　週間
以内に食べてね
・温め方 → お皿に移して
レンチン(600W)　　分
memo

❸
・保存 → 冷凍　　週間
以内に食べてね
・温め方 → 自然解凍してから
鍋でひと煮立ち
(器に移してレンチン2分でもOK)
memo

離れて暮らす大切な家族に届ける作りおき実家便！

仕送りごはん

〝作りたてのおいしい！〟と
〝笑顔〟をぎゅぎゅっと
詰めて送ります。

おうちごはん研究家

母熊

KADOKAWA

はじめに

こんにちは。ＳＮＳなどを通して日々作った料理を紹介している母熊と申します。娘と息子２人、合計３人の子どもがいます（息子たちのことはＳＮＳ上では「兄熊」「弟熊」と呼んでいます）。

埼玉の秘境暮らし歴は弟熊と同い年、今年で24年になります。バスは日に数本、最寄り駅の電車は１〜２時間に１本、便利な路線の駅までは７キロ。でもね、住めば都なんです。

家の隣に広がる義実家の畑では〝第一村人〟よろしく大らかな優しさに満ちた義母が、季節の野菜をたっぷり栽培しています。豊かな大地に実った野菜、採り放題（いつもありがとうございます！）

毎日大量に採れる野菜をどう使うか、いかにおいしく消費するか。母熊は24年間このテーマに向き合って工夫と実践を積み重ねてきました。たどり着いたのは「普通が一番」。夫と３人の子どもたちがもりもり食べてくれたのは、奇をてらったものではなく「普通」のおかずだったのです。

月日が経ったある春のことです。娘の就職と兄熊の大学進学で、我が子がふたり同時に巣立ちました。この時の喪失感は壮絶でした。空っぽのベッド、運転手のいなくなった車、洗面所に置き忘れられたヘアワックス。些細なことがトリガーになり、しゃくりあげるほど泣いてしまう日々が続きました。弟熊は予備校通いで朝早くから夜遅くまで不在でした。私は何もする気が起きません。

何のために料理をするかもわからなくなりそうでした。そんな状況でも畑の野菜はどんどん採れて、義母は私のために丁寧に洗って泥を落とし、新聞に包んで玄関ホールにそっと置いて行きます。収穫は待ったなしですから。

今の私にできることはないか……。そこで私は、いつもの「作りおき」を取り分けて子どもたちに送ることを思いつきました。そうと決まればお料理へのモチベーションも急上昇（笑）。これがＩｎｓｔａｇｒａｍに投稿している「仕送り実家便」の始まりです。この本では、『仕送りごはん』として冷凍して送れる料理のレシピをご紹介しています。一人暮らしを始めたお子さんに、単身赴任中のお連れ合いに、はたまた遠くの地で出産を迎える娘さんやお孫さんに送る家庭の味。参考にしてみてくださいね。

もくじ

1章 ごはんがすすむ! メシウマおかず

甘辛てりやき味

にんにくしょうが味

塩味

甘酢味

キムチ味

2章 たんぱく質も野菜もとれる満足ごはん

3章

手軽だけどしっかり! パン&麺

パン

麺

4章

今日もお疲れさま、ほっこり癒しの具だくさんスープ

みそ味

コンソメ味

撮影：料理／さいとうりょうこ
冷凍写真／深田卓馬・碓井君枝（KADOKAWA）
スタイリング：廣松真理子
デザイン：mocha design
イラスト：かわべしおん
校正：夢の本棚社
編集・ライティング：須川奈津江
撮影協力：UTUWA

※本書のレシピを送るときは、必ず冷凍してから送ってください。本書の内容をもとに送った仕送りごはんについてトラブルが生じた場合、責任を負いかねます。

“仕送りごはん”ってなに？

仕事熱心な我が子

「忙しくて外食や
コンビニごはんに頼りがち」

産後２週間の娘

「初めての出産だけど、
里帰りができなくて
食事を作れるか不安」

食事のことが心配な家族に、実家の味を冷凍してお届け！

レンチン！

Freeze

チン！

「夜遅く帰宅しても、
温めるだけで手作りの
料理が食べられる」

「野菜とたんぱく質が
入ってて栄養がとれる」

どんなに忙しいときでも、冷凍便で届いた料理をチンするだけで食べられる！

仕送りごはんの中身とルール

では、実際にどんなものをどうやって送ればいいの？
仕送りごはんを送る人も食べる人も安心でうれしい中身とルールをご紹介します。

その1 冷凍して送るのが安心

おかずの状態が変わらないのは冷蔵保存ですが、季節によっては傷む心配も。だからおかずやご飯は冷凍して送るのがおすすめです。本書では、冷凍に適した食材を使ったレシピや発送のコツをご紹介しています。

その2 おかず、主食、スープなどバリエーション豊かに！

仕送りごはんを届けるなら、肉、魚、野菜、ご飯などバランス良く届けたいもの。特に、ひとり暮らしだとなかなか作らない汁物を一緒に送るのがおすすめ。冷凍だからこそ、こぼれる心配なく送ることができます。

ラクラクPoint

日々のおかずの中から1〜2食分取り分けて冷凍するだけ！

その3 料理だけではなく、市販品を送るのもアリ！

いろいろな理由で、買い物に行く余裕がない人に仕送りごはんをするときは、手作りのおかずと合わせて市販品も送っちゃいましょう！　パンや納豆など冷凍ＯＫな市販品も紹介しています（Ｐ74）。

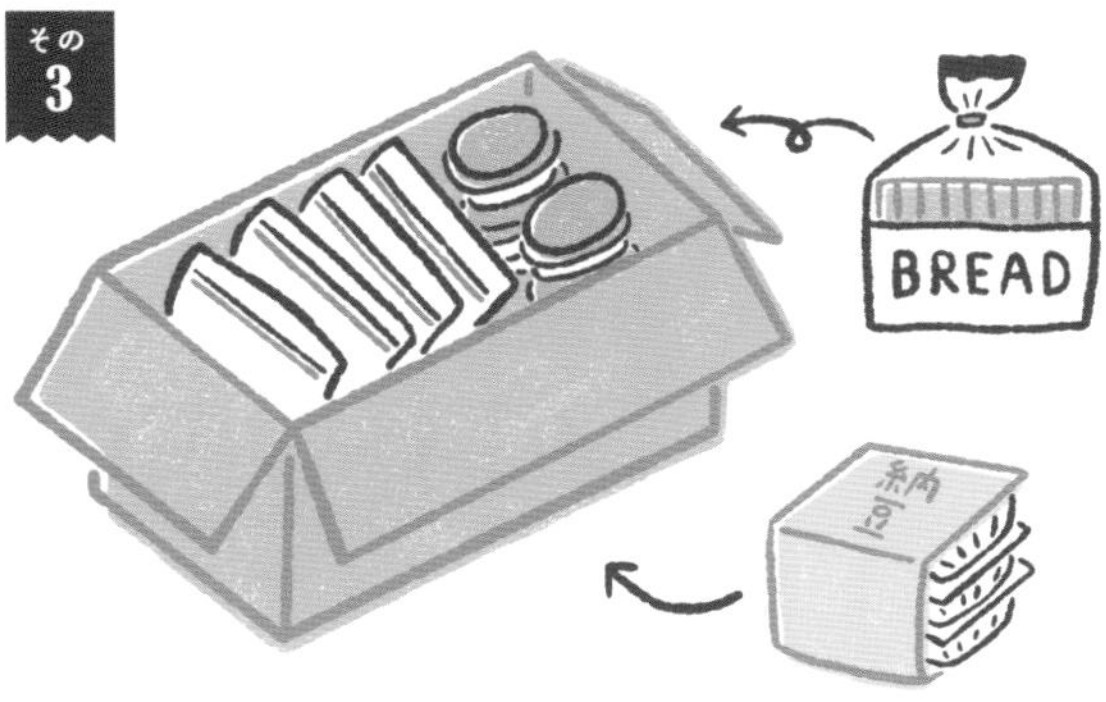

仕送りごはん

作るときのポイントと注意

仕送りごはんはどう作る？

❶まとめて作る or ❷いつもの食事のついでに作る

たくさんのおかずを一度に作って送るのは大変。おすすめなのが、日々のおかずを少し多めに作り1～2食分だけ取り分けて冷凍しておく方法。もちろん、作りおき派の方は、まとめて作っても◎。

絶対喜ばれるおいしいレシピをたっぷり紹介！

たこじゃガーリック
→32ページ

母熊の春雨サラダ
→35ページ

えびアボカドキムチ炒め
→36ページ

and more!

ご飯やパンには野菜とたんぱく質をプラス!! 一品でもバランス良く満足できる!

ご飯ものやパンのメニューを送るときは、野菜やたんぱく質などが同時にとれるレシピを。離れて暮らす忙しい家族が短時間で栄養バランスの良い食事をとることができます。

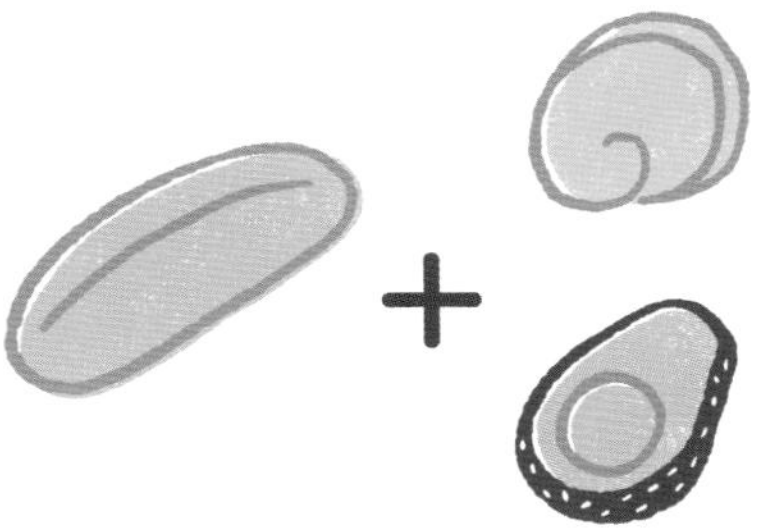

調味料の入れすぎに注意

作ってから時間を置いて食べる仕送りごはんは、保存している間に味が染み込んでいきます。特に、煮物などは作るときには多少味が薄いくらいでも、食べるときにはちょうどよくなります。

取り分けには清潔なカトラリーを

おかずを袋や容器に取り分けるときは、必ず清潔な菜箸やスプーンを使いましょう。一度口をつけたカトラリーを使うのはNG。雑菌が繁殖し、傷みが早くなってしまいます。

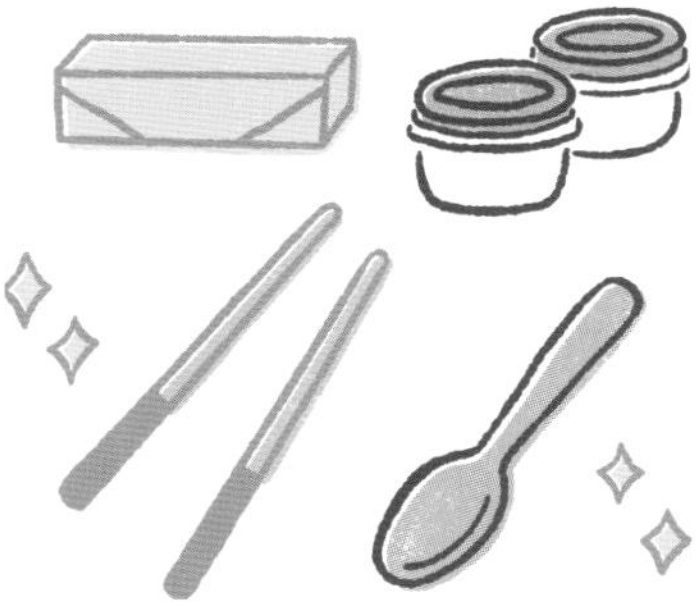

不要な汁気は飛ばしておく

炒め物や和え物などは、野菜から出た余分な水分が残っていると傷みの原因になることも。スープや煮物以外は加熱の過程でしっかり汁気を飛ばしたり、しっかり水気を切ってから保存すると安心です。

調理後はしっかり冷ます

出来上がったおかずを冷凍するときは、しっかり冷ましてから冷凍庫へ。温かいままのおかずを冷凍庫に入れてしまうと、水滴が出たり冷凍庫内の温度が上がって食材が傷む原因に。

仕送りごはん

作ったあとの送り方

この本では、冷凍便で仕送りごはんを送ります。
冷蔵より傷みにくく、こぼれる心配がありません。

必要な道具

密閉保存容器
煮物や汁物など汁気の多いおかずを入れて冷凍。密閉性の高いスクリュータイプがおすすめです。

ラップ
ご飯やパン、汁気のないおかずを小分けします。ラップに包んだら密閉保存袋に入れておいしさキープ。

密閉保存袋
揚げ物、炒め物など多少汁気のあるおかずを1食分ずつ小分けして冷凍するのに使います。

冷凍の仕方

おかずは密閉保存袋に入れて

袋の口を折り返しておかずを入れるとジッパー部分が汚れず密閉しやすくなります。空気を抜きながら平らに慣らして閉めてください。

汁気のないものは
ラップで包んでin!

ご飯やパンはラップで包む

ご飯とパンは温めやすいように、1回に食べる分ずつラップに包んでから密閉保存袋に入れます。

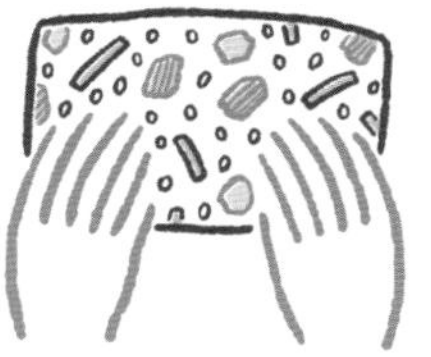

揚げ物はバットで冷凍してから密封保存袋に入れる

食べるときにベタッとするのを防ぐため、揚げ物類はあらかじめバットや皿に置いて冷凍してから密閉保存袋に入れるのがおすすめです。その際、クッキングシートを敷いて冷凍すると、凍ったときにくっつきにくくなります。

汁物はスクリュータイプの密閉保存容器に

水分の多いおかずは、スクリュータイプの密閉保存容器に。液体は冷凍すると膨張するので、中身は多くて8分目までにしましょう。

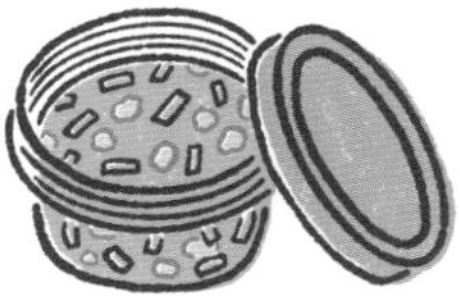

仕送りごはんを送る箱

段ボール

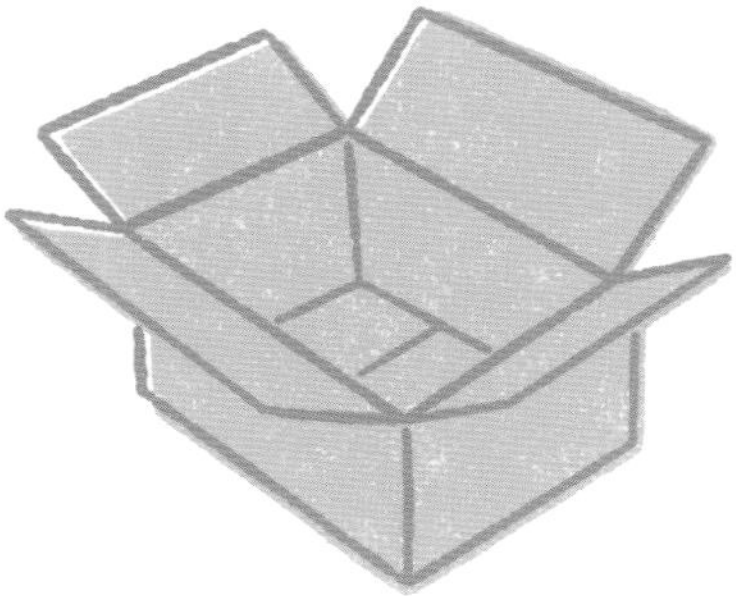

冷凍便と冷蔵便では輸送時の保冷温度が異なります。冷凍したままの状態でおかずを送る仕送りごはんは、外気の通りやすい段ボールがおすすめ。段ボールで冷凍便を出す場合、保冷剤は不要です。

発泡スチロール

冷凍便なら発泡スチロールの箱でもOK。ドライアイスを添えるとより安心です。発泡スチロールは、中に入れた物の保冷効果は高いですが、外からの冷気を通さないため、冷蔵便での使用は向きません。

梱包と発送に

スキマには新聞紙や梱包材をしっかり詰めましょう！

1. おかずは必ず冷凍状態にしてから送る

冷凍便で送るおかずはあらかじめしっかり冷凍された状態で送ります。冷凍なしでは、ほかの人の荷物を溶かしたり、傷ませたりするおそれがあるからです。

2. 密閉保存容器は新聞紙で包んでガード

プラスチックの密閉保存容器は冷凍すると割れやすくなるため、梱包材や新聞紙でしっかり包むようにします。

3. 冷凍便はコンビニ発送NGなので注意！

冷凍便はコンビニから発送することはできません。冷凍便のサービスを行っている運送業者の営業所に持ち込むか、集荷を依頼しましょう。

仕送りごはん

送るときのポイント

送るときに気をつけたいことや、
一度に送る量はどれくらいが
いいのかなどポイントをご紹介します。

5日分の夕食分と朝食分をめやすに送る

少量のおかずをこまめに送ると配送費がかさみ、大量のおかずをまとめて送ると保存期限内に食べられないことも。なので、下記のように2食×5日分くらいをめやすに送りましょう。おかず5品、パンやご飯などの主食類2〜3品、汁物5品、加えて市販品があれば、平日の夕食と朝食はおおよそまかなうことができます。

例えば、ひとり暮らしの娘に送るとき

おかず5品

夕食で食べるおかずのイメージ。これに仕送りごはんの汁物や自分で炊いたご飯を組み合わせて食べてもOK。メインだけでなく副菜もあると◯。

ローストポーク

えびアボカドキムチ炒め

厚揚げ長ねぎチーズ

鶏つくねバーグれんこんサンド

母熊の春雨サラダ

主食類2〜3品

朝食や昼食用にささっと食べるために、ご飯ものやパンなども。もちろん、おかずと組み合わせて夕食として食べても。

たこめし

カレーめし

レンチン鶏てりサンド

汁物5品

食事に汁物がつくと、きちんと感が出るし、満足感も高まります。シチューやすいとんは、それだけでもボリュームがあるので、朝食にも。

ツナキャベツみそ汁

ニラ玉みそ汁

ミネストローネ

すいとん

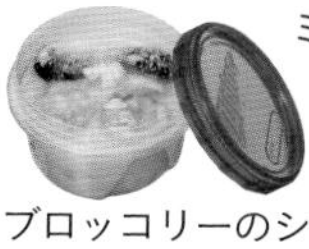
えびとブロッコリーのシチュー

市販品

上記の仕送りごはんを詰めて箱にスキマができたら市販品を詰めてもOK！

納豆

パン

スポーツドリンクの素

などなど。

具だくさんの汁物を必ず入れるのが母態流

ひとり暮らしではなかなか作らない具だくさんの汁物メニューを必ず送るのが母態流の「仕送りごはん」です。汁物は多めに作って、取り分けて冷凍しておくのがおすすめです。

おかずにはメニュー名と食べ方を添えておく

密閉保存袋や容器にはメニュー名と解凍方法・時間を添えておきます。密閉保存袋には直にメモ、容器にはマスキングテープや付箋でメモをつけるといいでしょう。

大根と豚バラの甘辛煮
電子レンジ5分

食べるときカードを活用しよう！

本書の巻頭（表紙の次のページ）には「食べるときカード」がついています。「仕送りごはん」を送るときには、「おかず・ご飯類・麺類」「パン」「汁物」それぞれのカードにレシピページの保存期間と解凍方法を書き写し、袋や容器に貼り付けて送りましょう。「食べるときカード」は、コピーして使うのがおすすめです。

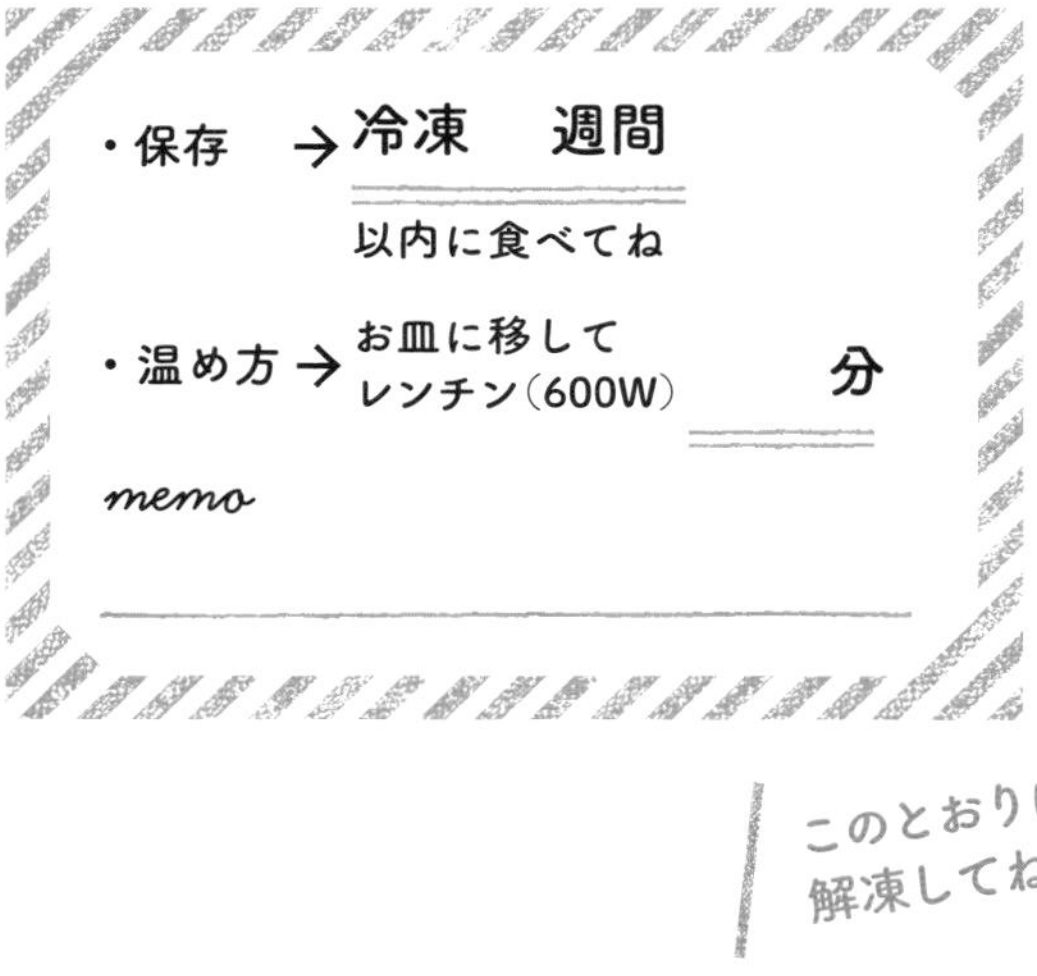

・保存 → 冷凍　週間
以内に食べてね
・温め方 → お皿に移して
レンチン（600W）　分
memo
このとおりに
解凍してね！

仕送りごはん

届けた先での食べ方

基本は袋に書かれた方法で解凍して食べるだけ！

食べるときは、保存袋や容器に添えられたメモにある方法で解凍するだけ。この本に表記されている電子レンジのワット数と異なる場合は、P19を参考にしてください。

・保存 → 冷凍 2 週間
以内に食べてね

・温め方 → お皿に移して
レンチン（600W） 2 分

memo
ラップをかけて温めてね！

「食べるときカード」がついているときはCheck！

このとおりに解凍してね！

と伝えよう

！食べるときの注意！

必ずアツアツに温めてから食べよう！

おかずは、菌の繁殖を防ぐため、必ずアツアツに温めてから食べるようにしてください。また、ご飯類は完全に温めないとボソボソしてしまうのでご注意ください。

おかずは耐熱皿に移してレンチン解凍

密閉保存袋に入れたおかずは、袋から出し、耐熱容器に移してから温めます。特に、カレーやアヒージョなど油分の多いおかずは、袋ごと電子レンジにかけると袋が溶けることがあるので、ご注意を。

密閉保存袋に入れたままの解凍はNG！

揚げ物はレンチン後にオーブントースターで加熱するとカリッとおいしい！

揚げ物をおいしく食べたい場合は、電子レンジ解凍のあと、オーブントースターで数分加熱すると水分が飛んでカリッとおいしく仕上がります。

パン類は自然解凍してから温める

パン類は、電子レンジで解凍すると具から出た水分でベチャベチャになることがあるので、食べる前の日に冷蔵庫に移して自然解凍してから、器に移して電子レンジ加熱かオーブントースターで温めるのがおすすめです。

汁物は自然解凍＋鍋で温めがおすすめ

汁物は電子レンジでの解凍は向いていません。食べる前の日に冷蔵庫に移して自然解凍したあとに、鍋で温めるか、耐熱容器に移して電子レンジで加熱するようにします。

冷凍できる食材の豆知識

レシピにある食材は基本的に冷凍できるものです。

これまで、「冷凍できない」とされてきたものでも、方法によっては冷凍可能なものも。

◎冷凍に向いている！食材

肉類

肉類のおかずは冷凍してもおいしさそのまま。

きのこ類

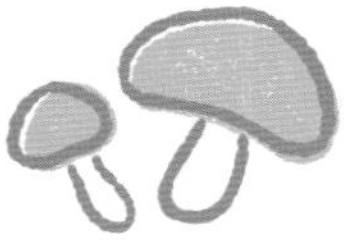

きのこ類は冷凍することでよりうまみがアップ！

れんこん

水分が出にくい根菜類は冷凍にもピッタリ。

玉ねぎ

冷凍しても状態が変わりにくいためおすすめ。

ご飯

ご飯は、冷凍できる炭水化物代表です。

そうめん

麺が細く水分が出にくいためおすすめです。

厚揚げ

油でコーティングされているので、食感そのまま。

ニラ

ニラは、冷凍しても食感が変わりません。

○意外に冷凍できる！食材

じゃがいも

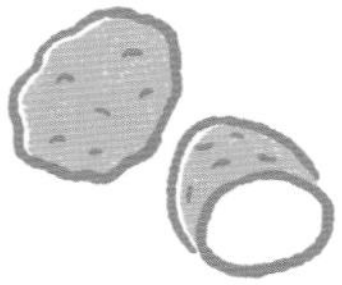

汁物に入れて冷凍すると、味や食感を損なわずに食べられます。

春雨

春雨はレンジで温めるとつるつるの食感に戻ります。

ちくわぶ

小麦粉でできたちくわぶも、実は冷凍できる食材。

はんぺん

冷凍したものを解凍しても味や食感そのまま！

ちくわ

練り物のちくわも冷凍OKです。カニカマも同様！

卵

溶きほぐして汁物に入れるのがおすすめ。食感そのままで楽しめます。

×やっぱり…冷凍に向いていない食材

うどん

水分を吸いやすく、ぶよぶよになってしまいます。

こんにゃく類

冷凍できない食材の代表。汁物に入れても固くなるため冷凍NG。

解凍時間の参考に！

電子レンジワット数早見表

仕送り先の家族が使っている電子レンジのワット数を確認しておきましょう。

＼この本の標準／

200W	500W	600W	700W	1000W
3倍	1.2倍	基準	0.9倍	0.6倍
30秒	12秒	10秒	9秒	6秒
60秒	24秒	20秒	18秒	12秒
90秒	36秒	30秒	27秒	18秒
2分	48秒	40秒	36秒	24秒
2分30秒	1分	50秒	45秒	30秒
3分	1分10秒	1分	54秒	36秒
4分30秒	1分50秒	1分30秒	1分20秒	54秒
6分	2分20秒	2分	1分50秒	1分10秒
9分	3分40秒	3分	2分40秒	1分50秒
12分	4分50秒	4分	3分40秒	2分20秒
15分	6分	5分	4分30秒	3分
18分	7分10秒	6分	5分20秒	3分40秒

※加熱時間はめやすです。メーカーや機種によって変わることがあります。

この本の使い方

調理時間アイコン
漬け込む時間、置いておく時間、米の浸水時間は含みません。2章の米を使ったレシピでは、炊飯器で炊いた場合の時間のめやすです。

調理器具アイコン
調理に使用する主な調理器具です。

Hahakuma's comment
レシピのポイントやエピソードです。

カテゴリー
1章と4章はおかずの味つけの種類ごと構成されています。気に入った味つけがあったら、食材を変えてアレンジするのもおすすめです。2章は食材の種類と調理法ごとに、3章はパンと麺から構成されています。

甘辛てりやき味

Hahakuma's comment
母熊、実はかつては大根の煮物が苦手だったんです。大根特有の臭みが気になって。でも、結婚して下ゆでしてから使うようになったらそれはもうおいしくて、衝撃を受けました！だから、このレシピの下ゆではしてほしい!! 作る前の日の晩に下ゆでだけして冷ましておくと、当日ラクちんですよ。

調理時間 35分　鍋

大根と豚バラの甘辛煮

材料（2人分）
大根――300g
豚バラ肉（薄切り）――100g
しめじ――¼パック
ゆでいんげん――適量
しょうが――1片
だし汁――300㎖
A　酒――大さじ1
　　みりん――大さじ1
　　砂糖――大さじ2
しょうゆ――大さじ2

作り方
1 大根は食べやすい大きさに切る。鍋にたっぷりの水と大根を入れ火にかける。沸騰したら弱火にして15分ほど下ゆでする。
2 豚肉は3cm幅に切り、しめじは石づきを切り、ほぐしておく。しょうがは薄切りにする。
3 鍋にだし汁を沸騰させ、1と2、Aを加える。再び沸騰したらアクを取りながら5分ほど煮る。しょうゆを加えてさらに15分煮て火を止め、冷ましながら味を染み込ませる。
4 ゆでいんげんを添える。

Freeze
密閉保存容器に入れて汁ごと保存・冷凍することで豚肉のうまみと味がじんわり染みていきます。

食べるときカード
・保存 → 冷凍2週間以内に食べてね
・温め方 → お皿に移してレンチン（600W）5分

24

食べるときの方法
送った先での冷凍保存期限と食べるときの解凍方法です。

表記について

大さじ1は15㎖、小さじ1は5㎖です。少々は親指と人差指の2本の指でつまんだ量がめやすですが、個人差があるので味を見ながら調節してください。

しょうが・にんにくの1片のめやすは、親指の第一関節くらいの大きさです。チューブを使用するときは3cmをめやすにしてください。

材料のだし汁は、特に記載のない場合はかつお味の市販のだしパックを使用しています。

野菜は水洗いし、作り方に表示がなければ皮をむき、種やヘタを取り除いて調理してください。

火加減は、とくに記載のない場合は中火です。

自宅でそのまま「作りおき」としたい場合は、冷蔵3日間、冷凍3週間が保存期限のめやすです。

冷凍の保存期間はめやすです。季節や冷蔵庫の環境、ご家庭の保存状態などで傷み方は変わるため、食べる前によく確認してください。

電子レンジの加熱時間は600Wを基準にしています。ほかのワット数で加熱するときは、P19の早見表を参考にしてください。機種によって加熱具合に差があるため、食材の様子を見ながら使用する電子レンジに合わせて加熱時間を調節してください。

仕送りごはん

1章

ごはんがすすむ！メシウマおかず

母熊のモットー「時間をかけても手はかけない」レシピたち。

日々、私の料理をSNSでご覧の方は、「丁寧な暮らし」「手の込んだ料理」というイメージをお持ちの方もいるかもしれません。が、母熊、実は自分に甘いタイプでして（笑）、結婚してしばらくは日曜の朝は菓子パン（朝寝坊していても家族が勝手に食べてくれる）とか、だしとかよくわからないので顆粒でささーとか、そんな感じでした。そういえばその頃は専業主婦だった……！

転機は24年前に建てたマイホーム。ビルトインのガスオーブンも大容量の食洗器も入れました。大きいオーブンがうれしくて、家族のイベントにはいつもスポンジから焼いたデコレーションケーキを作ったっけ。家族みんなでデコレーションしたのが良い思い出です。

そのうち会社員として働くようになって、家庭を持つ人生の先輩の女性社員たちが、当たり前のようにおいしいおうちごはんを作っているの

Hahakuma essay 1

を知り、母熊も発奮しました。そんな中で身に付けた、母熊らしい技が「時間はかけても手はかけない」つまり、ほったらかしているうちにおいしくなる料理です。

　ブロック肉を使った、豚のソース煮、ローストポーク、塩豚ポトフはどれも時間がおいしくしてくれるレシピで、実際に手をかける時間はほんのわずかなものばかり。

　漬け込んだら「焼き」はオーブンにお任せのフレンチトーストも長いことリピートしてきた家族みんなが喜ぶレシピです。

　豚こま炒め、ポークチャップ、鶏からあげ、鶏のカチャトーラ風煮込みなどは漬け込みだけ頑張れば、あとは食べたいときに火にかけるだけ。

「もっと時間があったら……」とか、思ったこともあるけれど、時間がなければないなりにおいしいものを作れるし、食べられるよ！　それが私の人生を振り返ってくっきり見えた結論です。今回ご紹介したレシピで皆さんにもぜひ試してみてもらえたらうれしいです。

Hahakuma's comment

母熊、実はかつては大根の煮物が苦手だったんです。大根特有の臭みが気になって。でも、結婚して下ゆでしてから使うようになったらそれはもうおいしくて、衝撃を受けました！だから、このレシピの下ゆではしてほしい!! 作る前の日の晩に下ゆでだけして冷ましておくと、当日ラクちんですよ。

調理時間 35分　鍋

大根と豚バラの甘辛煮

材料（2人分）

大根——300g
豚バラ肉（薄切り）——100g
しめじ——¼パック
ゆでいんげん——適量
しょうが——1片
だし汁——300mℓ
A ｜酒——大さじ1
　｜みりん——大さじ1
　｜砂糖——大さじ2
しょうゆ——大さじ2

作り方

1 大根は食べやすい大きさに切る。鍋にたっぷりの水と大根を入れ火にかける。沸騰したら弱火にして15分ほど下ゆでする。

2 豚肉は3cm幅に切り、しめじは石づきを切り、ほぐしておく。しょうがは薄切りにする。

3 鍋にだし汁を沸騰させ、1と2、Aを加える。再び沸騰したらアクを取りながら5分ほど煮る。しょうゆを加えてさらに15分煮て火を止め、冷ましながら味を染み込ませる。

4 ゆでいんげんを添える。

Freeze

密閉保存容器に入れて汁ごと保存・冷凍することで豚肉のうまみと味がじんわり染みていきます。

食べるときカード

・保存 → 冷凍 **2** 週間以内に食べてね

・温め方 → お皿に移してレンチン（600W）**5** 分

調理時間 10分　フライパン

厚揚げ長ねぎチーズ

うちの娘のお気に入りNo.1メニュー

材料（2人分）

厚揚げ――1枚
長ねぎ――2本
ピザ用チーズ――40g
A　砂糖――大さじ1
　　みりん――大さじ1
　　しょうゆ――大さじ1と½
サラダ油――大さじ1

食べるときカード
・保存 →冷凍2週間以内に食べてね
・温め方→お皿に移してレンチン（600W）5分

作り方

1 厚揚げは一口大に切り、長ねぎは2cm幅の斜め切りにする。
2 フライパンに油を熱し、長ねぎがくったりするまで炒める。
3 厚揚げを加えて炒め合わせたらAを入れて混ぜ、チーズを加え、からめる。

Freeze

厚揚げ＆チーズは冷凍しても食感と味が変わらず、おいしいままでお届けできます。

調理時間 15分　フライパン

さんまのかばやき

材料（2人分）

さんま（開き）――2尾
薄力粉――適量
A　砂糖――大さじ1
　　みりん――大さじ1
　　しょうゆ
　　　――大さじ1と½
　　水――大さじ1
サラダ油――大さじ2

作り方

1 さんまは薄力粉を両面にまぶす。
2 フライパンに油を熱し、1の皮を下にして入れフタをし、表面の色が変わったら裏返し、両面をこんがりと焼く。
3 余分な油を拭き取り、Aを加えてさんまに焼きからめる。お好みできざんだ大葉をのせる。

Freeze

さんまは内臓が傷みやすいので、お店で開いてもらったものを使うのがおすすめ。焼いたあとは1枚ずつラップに包んでから袋に。

食べるときカード

・保存 → 冷凍 **2** 週間以内に食べてね

・温め方 → お皿に移してレンチン（600W）**2** 分

調理時間 15分　フライパン

ごちそうきんぴら

/ Gochikin \

材料（2人分）

ごぼう——1本
にんじん——½本
牛バラ肉（薄切り）——150g
ごま油——大さじ1
A ｜ 砂糖——大さじ1
　｜ みりん——大さじ1
　｜ しょうゆ——大さじ1と½

作り方

1 ごぼうとにんじんは細切り、牛肉は2cm幅に切る。
2 フライパンにごま油を熱し、ごぼうとにんじんを入れて炒める。
3 2に8割がた火が通ったら牛肉を加え、Aを入れてさらに炒める。お好みで七味とうがらしをふる。

\ Freeze /

ごほうとにんじんは同じくらいの細さにすると調理のときだけでなく、解凍のときも均一に温まります。

食べるときカード

・保存 → 冷凍 **2** 週間以内に食べてね

・温め方 → お皿に移してレンチン（600W）**1** 分（1枚）

にんにくしょうが味

Hahakuma's comment

みりんや砂糖などの甘みはあえて入れず、にんにくとしょうがのガツンとした風味を楽しめるレシピです。お肉は買ってきてすぐにこの下味で漬けておくと、そのまま保存するよりフレッシュな状態で長持ちしますよ。

調理時間 20分　フライパン

彩りしょうが焼き

材料（2人分）

豚ロース肉（薄切り）
　——300g
玉ねぎ——½個
赤パプリカ——¼個
黄パプリカ——¼個
スナップえんどう——10本
A　しょうが（すりおろし）
　　——1片分
　にんにく（すりおろし）
　　——1片分
　酒——大さじ3
　しょうゆ——大さじ3
白いりごま——適量

作り方

1. 豚肉は食べやすい大きさに、玉ねぎとパプリカは1cm幅に切る。スナップえんどうはゆでて、食べやすい大きさに切る。
2. ポリ袋に豚肉、玉ねぎ、Aを入れてもみ込み、10分置く。
3. フライパンを熱して2を入れて炒める。肉に火が通ったらパプリカとスナップえんどうを加え、さらに炒める。仕上げに白ごまをちらす。

Freeze

冷凍している間にも味は染みていくので、もみ込み時間は短めでOK。

食べるときカード
・保存 → 冷凍 2 週間以内に食べてね
・温め方 → お皿に移してレンチン（600W）2 分

調理時間 10分　フライパン

たらときのこのアヒージョ

材料（2人分）

甘塩たら――2切れ
お好みのきのこ――50g
ミニトマト――6個
A | オリーブオイル――100㎖
　| にんにく（みじん切り）――1片分
　| しょうが（みじん切り）――1片分
　| 塩――少々
赤とうがらし（輪切り）――1本分
パセリ（みじん切り）――適量

作り方

1 たらは一口大に切り、きのこはほぐす。
2 フライパンにAを入れ弱火にかける。にんにくから細かい泡が出てきたらとうがらしを加える。
3 1とトマトを入れてオイルをからませながら5分ほど煮込み、仕上げにパセリをちらす。

Freeze

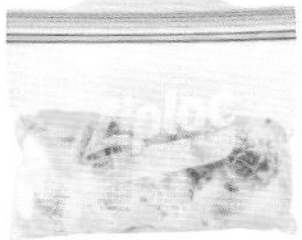

粗熱を取ってから袋へ。食べる前日に冷蔵庫に移して、フライパンで温めます。

食べるときカード
・保存 →冷凍2週間以内に食べてね
・温め方→自然解凍＋フライパンで温める

調理時間 25分　フライパン

鶏からあげ

材料（2人分）

鶏もも肉――500g
A | にんにく（すりおろし）――1片分
　| しょうが（すりおろし）――1片分
　| しょうゆ――大さじ4
　| 酒――大さじ2
　| 塩・こしょう――少々
溶き卵――1個分
薄力粉――適量
片栗粉――適量
サラダ油――適量

作り方

1 鶏肉は一口大に切る。
2 ポリ袋に1とAを入れてもみ込み、冷蔵庫でひと晩漬ける。
3 2のポリ袋に溶き卵を入れもみ込む。
4 フライパンに1～2㎝の油を入れて170℃に熱し、3に衣（薄力粉：片栗粉＝1：1を混ぜる）をつけてキツネ色になるまで揚げる。

Freeze

粗熱が取れたらバットにのせてふんわりラップをかけて冷凍。送る前に密閉保存袋に入れましょう。

Hahakuma's comment

レシピの塩は、お好みでフレーバーソルトを使うとより風味豊かになります。ここでは、スープにコンソメキューブを使って洋風にしましたが、オイスターソースを使えば中華風に、めんつゆを使えば和風にもなり、バリエーションが楽しめるおかずです。

調理時間 45分　フライパン

鶏ハム

材料（2人分）

鶏むね肉——300g
塩——適量
チンゲン菜——2株
にんじん——⅓本
コンソメキューブ——1個
水——適量

作り方

1 鶏肉は冷蔵庫から取り出し、常温に戻したら両面にしっかり塩をふる。

2 チンゲン菜は株の根元に十字に切り込みを入れよく洗う。にんじんは縦6つに切って面取りをする。

3 深さのある小さめのフライパンに、皮目を下にした鶏肉、にんじん、コンソメキューブを入れる。鶏肉の1／3くらいの高さまで水を入れてフタをしたら、中火にかける。沸騰する直前にチンゲン菜を加える。沸騰したら、弱火にして途中で上下を返して5分加熱する。

4 火を止めてフタをしたまま30分置く。

Freeze

煮汁と一緒に冷凍すると、鶏肉のパサツキ防止に。食べるときは、電子レンジで解凍しましょう。

食べるときカード

・保存 → 冷凍 **2** 週間以内に食べてね

・温め方 → お皿に移してレンチン（600W）**5**分

調理時間 10分　フライパン

塩麹漬け豚こま野菜炒め

材料（2人分）

豚こま肉——180g
塩麹——大さじ2
酒——大さじ1
もやし——½袋
キャベツ——100g
にんじん——¼個
ゆでスナップえんどう——10本
サラダ油——大さじ1

作り方

1 ポリ袋に豚肉、塩麹、酒を入れてもみ込み、10分以上置く。
2 キャベツは食べやすい大きさに、にんじんは短冊切りにする。スナップえんどうは半分に切る。
3 フライパンに油を熱し、1と野菜をすべて入れ炒める。

Freeze

汁気をしっかり飛ばしてから冷凍！　それでも解凍すると水分が出やすいので、味が薄くなってしまったらマヨネーズを足すのがおすすめ。

食べるときカード
・保存 →冷凍2週間以内に食べてね
・温め方→お皿に移してレンチン（600W）3分

調理時間 25分　フライパン

たこじゃがーリック

材料（2人分）

たこ——200g
じゃがいも——3個
にんにく（みじん切り）——1〜2片分
しょうゆ——小さじ1
サラダ油——適量
塩・こしょう——少々
パセリ（みじん切り）——適量

作り方

1 たこは小さめの一口大に切る。じゃがいもはくし形切りにして素揚げする。
2 フライパンに油を熱し、にんにくとたこを入れ、たこから水分が出るまで炒める。
3 素揚げしたじゃがいもを加えて炒め合わせる。しょうゆを鍋肌から入れて、塩・こしょうで味をととのえ、パセリをちらす。

食べるときカード
・保存 →冷凍2週間以内に食べてね
・温め方→お皿に移してレンチン（600W）3分

Hahakuma's comment

オーブンの庫内に入れたまま余熱で火を入れるのがおいしさのコツ。ローストポークは、そのままおかずやおつまみにしてもいいし、ラーメンやチャーハンに刻んで入れてチャーシューの代わりとしても大活躍してくれます。

食べるときカード
- 保存 →冷凍2週間以内に食べてね
- 温め方→お皿に移してレンチン（600W）1分

調理時間 70分　オーブン

ローストポーク

材料（2人分）

豚肩ロース肉（ブロック）
——500g

A
塩麹——大さじ4
酒——大さじ2

作り方

1 ポリ袋にAを入れてよく混ぜたら、豚肉を入れて1〜3日冷蔵庫で漬ける。

2 予熱なしのオーブン150℃で70分加熱する。途中で表面が焦げてきた場合はアルミホイルをかぶせる。完全に冷めるまで庫内に置いたままにする。

Freeze

1枚ずつ包むことで乾燥防止に。肉だけのレシピは冷凍・解凍が楽ちんです。

Freeze

じゃがいもは大きすぎると冷凍したときに食感が悪くなるので小さめのくし形に切りましょう。

甘酢味

チキン南蛮

調理時間 15分　フライパン

材料（2人分）

鶏もも肉――1枚
塩・こしょう―少々
溶き卵――適量
薄力粉――適量
サラダ油―適量

A
- しょうゆ――大さじ4
- 砂糖――大さじ6
- 酢――大さじ5

〈タルタルソース〉
- らっきょう漬け――3個
- ゆで卵――3個
- マヨネーズ――大さじ3

作り方

1 鶏肉に塩・こしょうをふり、全体に薄力粉をまぶす。

2 フライパンに油を1～2cm入れて170℃に熱し、溶き卵にくぐらせた1をキツネ色になるまで揚げる。

3 小鍋にAを入れて熱し、煮立ったら2をくぐらせる。

4 みじん切りにしたらっきょう、細かく刻んだゆで卵、マヨネーズを混ぜ、食べる前に3にのせ、お好みできざみパセリをちらす。

Freeze

たれをからめて切った状態で冷凍！
タルタルソースは、ラップで包み冷凍。
解凍すると少しボソッとするのでマヨネーズを加えるとおいしくなります。

食べるときカード
- 保存 → 冷凍 2 週間以内に食べてね
- 温め方 → お皿に移して レンチン（600W） 1分30秒
  タルタルソースは レンチン1分＋マヨネーズ

調理時間 20分　フライパン

豚バラとれんこんと大豆の甘酢炒め

おいしい茶色のコンビネーション

材料（2人分）

豚バラ肉（薄切り）——150g
れんこん——200g
水煮大豆——100g
片栗粉——適量
サラダ油——適量
A
しょうゆ——大さじ2
砂糖——大さじ2
酢——大さじ1
水——大さじ2

作り方

1 豚肉は食べやすい大きさに切る。れんこんは、5㎜の輪切り。大豆は水気をしっかり拭き取る。
2 1に片栗粉をまぶし、160℃に熱した油で揚げ、取り出す。
3 フライパンをきれいにして、Aを入れて加熱したら、2を加えてとろみがつくまで炒める。

食べるときカード
・保存 →冷凍 **2** 週間以内に食べてね
・温め方→お皿に移して レンチン（600W）**1**分**20**秒

Freeze

材料は一度カラッと揚げることで味が染みやすくなります。たれにとろみがつくまでしっかり加熱するのがポイントです。

インスタで大人気！　卵は炒り卵でもいいよ！

調理時間 20分　鍋

母熊の春雨サラダ

材料（2人分）

緑豆春雨——30g
乾燥きくらげ——5g
にんじん——30g
ハム——2枚
卵——1個
スナップえんどう——6本
A
しょうゆ——大さじ2
酢——大さじ2
砂糖——大さじ2
ごま油——大さじ1
中華スープの素——小さじ1
水——120mℓ
白すりごま——大さじ1
白いりごま——小さじ1

作り方

1 きくらげは水で戻しせん切りに、ハムとにんじんもせん切りにする。卵は塩ひとつまみ（分量外）を加えて薄焼き卵を作り、せん切りにする。
2 鍋にAを入れて沸騰させ、春雨、1のきくらげ、にんじんを入れて5分加熱する。
3 ハムを入れてざっと混ぜ、ひと煮立ちしたら、火を止め、フタをして粗熱が取れるまで蒸らす。
4 ゆでて斜め切りにしたスナップえんどう、すりごま、卵を混ぜ、いりごまをふる。

食べるときカード
・保存 →冷凍 **2** 週間以内に食べてね
・温め方→自然解凍＋レンチン（600W）**1**分

Freeze

密閉保存袋に1食分ずつ入れて冷凍。食べるときは、流水解凍してから温めるのがおすすめ。

調理時間 15分　フライパン

えびアボカドキムチ炒め

材料（2人分）

むきえび――160g
アボカド――½個
しめじ――½パック
白菜キムチ――100g
めんつゆ――小さじ1
酒――大さじ1
ごま油――大さじ1

作り方

1 えびは背わたを取り片栗粉、塩、酒（各適量、分量外）をまぶして10分置き、よく洗う。アボカドは一口大に切り、しめじはほぐす。

2 フライパンにごま油を熱し、えびの両面に焼き色をつけ、酒としめじを入れて炒める。

3 キムチを加えてざっと混ぜ、アボカド、めんつゆを加えて炒め合わせる。

Freeze

えびはしっかり下処理&キムチで臭みなくおいしく仕上がります。

食べるときカード

・保存 → 冷凍 2 週間以内に食べてね
・温め方 → お皿に移してレンチン（600W）2分

食べるときカード
・保存 →冷凍2週間以内に食べてね
・温め方→お皿に移してレンチン（600W）2分30秒

調理時間 10分　フライパン

キムチプルコギ

材料（2人分）

牛バラ肉（薄切り）——200g
玉ねぎ——½個
ニラ——½束
にんじん——⅓本
しめじ——½パック
白菜キムチ——100g
ごま油——大さじ1
A にんにく（すりおろし）——1片分
　しょうゆ——大さじ1
　酒——大さじ1
　コチュジャン——小さじ1
　砂糖——大さじ1

作り方

1 Aをポリ袋に入れて、5cm長さに切った牛肉、細切りにした玉ねぎを入れてもみ込み、10分ほど漬ける。
2 ニラは3cm長さに、にんじんは短冊切りにする。しめじは石づきを切り、ほぐしておく。
3 フライパンにごま油を熱し、1を炒め、色が変わってきたらにんじん、しめじを加えさらに炒める。
4 キムチを加えて炒め合わせ、ニラを入れてサッと炒める。

Freeze

冷凍しているうちに味が染み込んでいくので、下味の漬け込み時間は短めです。

調理時間 5分

ちくわキムチサンド

材料（2人分）

ちくわ——3本
白菜キムチ——100g
大葉——6枚
野沢菜漬け——50g
粉チーズ——適量

作り方

1 ちくわはそれぞれ半分の長さに切り、縦に切り込みを入れる。
2 キムチと 野沢菜漬けは細かく刻み、混ぜ合わせる。
3 ちくわに大葉をはさみ、2を1／6量ずつ詰め、粉チーズをふる。

火を使わないラクラクメニューです。ちくわがかたくなってしまうので、解凍時は温めすぎに注意！

Freeze

食べるときカード
・保存 →冷凍2週間以内に食べてね
・温め方→お皿に移してレンチン（600W）1分

調理時間 15分　フライパン

みそだれカツ

材料（2人分）

豚ロース肉（とんかつ用）
　——2枚
塩・こしょう——少々
薄力粉——適量
溶き卵——1個分
パン粉——適量
サラダ油——適量
A
砂糖——大さじ2
みそ——大さじ1
しょうゆ——大さじ1
みりん——大さじ1
酒——大さじ1
水——100mℓ

作り方

1 豚肉は筋切りしてから包丁の背で叩き、塩・こしょうを両面にふる。

2 1に薄力粉、溶き卵、パン粉の順番にまぶす。

3 フライパンに1cmほど油を入れ170℃に熱したら2を両面がキツネ色になるまで揚げる。

4 別のフライパンにAを入れて加熱し、3をからませる。

Freeze

たれをからめて切った状態でラップに包み冷凍しましょう。ご飯にのせて食べるとさらにおいしい！　お好みでマヨネーズを。

食べるときカード
・保存 → 冷凍2週間以内に食べてね
・温め方 → お皿に移してレンチン（600W）2分

調理時間 25分　フライパン

鶏つくねバーグれんこんサンド

材料（2人分）

鶏ひき肉——250g
れんこん——1節
しいたけ——2個
にんじん——¼個
長ねぎ——⅓本
塩——小さじ⅓
A
片栗粉——大さじ1
みそ——大さじ1
卵——1個
サラダ油——大さじ1
薄力粉——適量
B
砂糖——大さじ2
みそ——大さじ1
しょうゆ——大さじ1
みりん——大さじ1
酒——大さじ1
水——100mℓ

食べるときカード
・保存 →冷凍2週間 以内に食べてね
・温め方→お皿に移して レンチン（600W）2分（1個の加熱時間）

Freeze

1個ずつラップに包んでから密閉保存袋に入れて冷凍しましょう。

作り方

1 れんこんは5㎜厚さの16枚輪切りにし、残りと、しいたけ、にんじん、長ねぎはみじん切りにする。Bはよく混ぜ合わせておく。

2 ボウルにひき肉と塩を入れ、ねばりが出るまでこねたら、みじん切りにしたれんこん、しいたけ、にんじん、長ねぎ、Aを加えてさらにこねる。

3 2を1／8量ずつ円形に整える。輪切りにしたれんこんの片面に薄力粉をふり、薄力粉の面を内側にして肉だねをはさむ。

4 フライパンに油を熱し、3を並べ入れて焼く。焼き色がついたら裏返して弱火にしてフタをし、蒸し焼きにする。

5 火が通ったらフタを取り、Bを入れて煮からめる。

調理時間 10分　魚焼きグリル

鮭のみそ漬け

材料（2人分）

生鮭切り身——2切れ
塩——適量
A　みそ——大さじ3
　　みりん——大さじ2
　　酒——大さじ1と½

作り方

1 鮭は軽く塩をふって10分ほど置いたら、キッチンペーパーで水気を拭き取る。
2 ポリ袋にAを入れてよくもんで混ぜ、鮭を入れ1～3日冷蔵庫で漬ける。
3 余分な調味料を拭き取り、魚焼きグリルでこんがりと焼き、お好みでレモンを添える。

魚はひとり暮らしではなかなか買わないし、食べない！　チンして食べられる状態で送れば魚を食べるハードルも下がります。

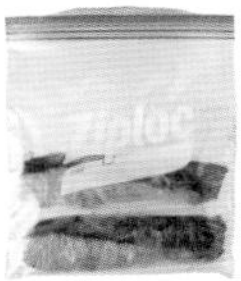

Freeze

食べるときカード
・保存 →冷凍2週間以内に食べてね
・温め方→お皿に移してレンチン（600W）（1切れ）1分30秒

調理時間 15分　フライパン

ベビーほたてとアスパラとマッシュルームのみそバター炒め

材料（2人分）

ベビーほたて——120g
アスパラガス——8本
マッシュルーム——10個
バター——10g
A　みそ——大さじ1
　　みりん——大さじ1

作り方

1 アスパラガスは4㎝長さに切りゆでる。マッシュルームは半分に切る。Aは混ぜ合わせておく。
2 熱したフライパンにバターを溶かし、ベビーほたて、アスパラガス、マッシュルームを入れて焼き色がつくまでじっくり焼く。
3 Aを加えて全体にからめる。

なす＋油＋みそが最高においしい！

食べるときカード
・保存 →冷凍2週間以内に食べてね
・温め方→お皿に移してレンチン（600W）2分30秒

調理時間 10分

フライパン

豚バラなすピーマンのみそ炒め

材料（2人分）

豚バラ肉（薄切り）――120g
なす――2本
ピーマン――2個
白いりごま――適量
サラダ油――適量
A みそ――大さじ1と½
みりん――大さじ1と½
砂糖――大さじ1と½
しょうゆ――大さじ½

作り方

1 豚肉、なす、ピーマンは小さめの一口大に切る。Aは混ぜ合わせておく。
2 フライパンに1cmほどの油を入れ熱したらピーマンとなすを揚げ、取り出しておく。
3 フライパンをきれいにして、豚肉を炒める。豚肉に火が通ったらなすとピーマンを入れて全体を混ぜ、Aを加えて全体に味をからめる。仕上げに白ごまをふる。

Freeze

油分が多いので袋のままでの電子レンジ加熱は絶対NG！　必ずお皿に移してから温めましょう。

Hahakuma's comment

ポイントは、野菜をしっかり揚げること！ ついダイエット心を出して少ない油で揚げ焼きしたくなりますが、ある程度たっぷりの量の油で揚げたほうが、なすがとろっとした食感になっておいしいんです。

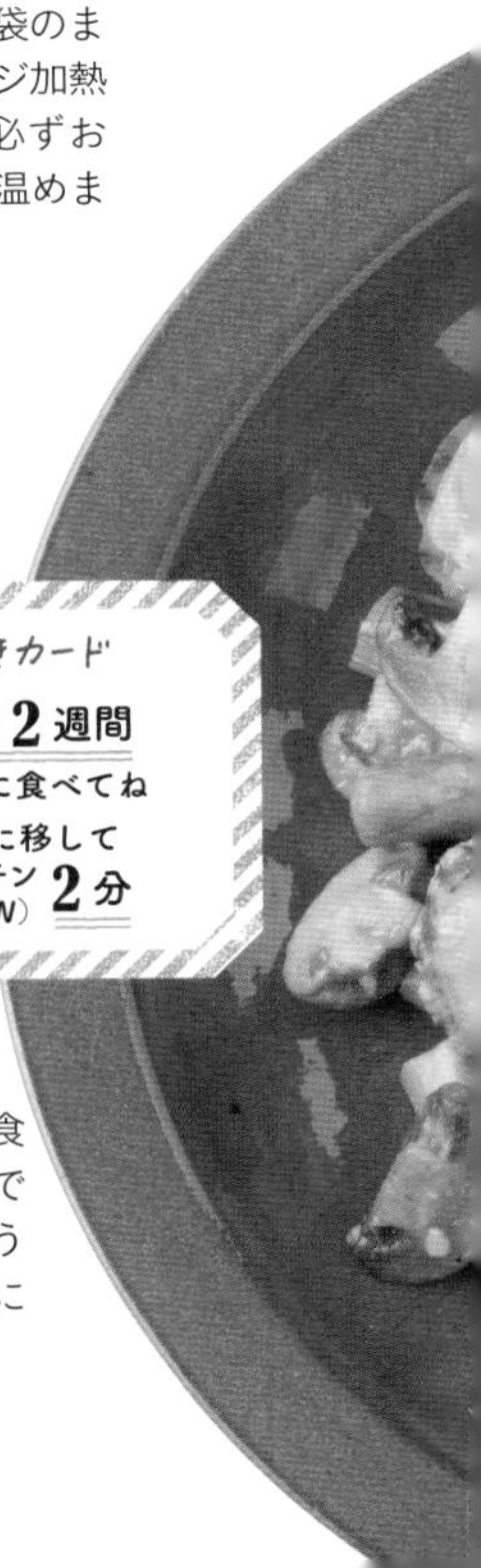

食べるときカード
・保存 →冷凍2週間以内に食べてね
・温め方→お皿に移してレンチン（600W）2分

Freeze

水分が少ないので1食分ずつラップに包んで冷凍。乾燥しないようにさらに密閉保存袋に入れて冷凍します。

調理時間 20分　フライパン

野菜ごろごろキーマカレー

材料（2人分）

ベーコン（ブロック）——100g
なす——1個
にんじん——½本
玉ねぎ——½個
にんにく（みじん切り）——1片分
しょうが（みじん切り）——1片分
カレールウ——2片
ウスターソース——小さじ2
水——80㎖
サラダ油——大さじ1

作り方

1 ベーコン、なすは1㎝角に、にんじんは縦に薄切りにしたあと1㎝角に切る。玉ねぎは粗みじんに切る。

2 フライパンに油を熱し、にんにくとしょうがを入れ、香りが立ってきたら玉ねぎを炒める。玉ねぎが透明になってきたら、ベーコン、なす、にんじんを加えてさらに炒める。

3 2に火が通ったら、カレールウ、ウスターソース、水を入れて煮詰める。お好みでパセリをちらす。

Freeze

電子レンジで解凍するときは油分で袋が溶けるおそれがあるので、お皿に移して解凍しましょう。

食べるときカード
・保存 →冷凍 2 週間以内に食べてね
・温め方→お皿に移してレンチン（600W）3分

調理時間 30分 鍋

具だくさんカレー

材料（2人分）

豚こま肉――100g
玉ねぎ――½個
にんじん――50g
エリンギ――1本
しめじ――½パック
ゆでブロッコリー
――6房
カレールウ――4片
水――400mℓ
サラダ油――小さじ1

作り方

1 豚肉、玉ねぎ、にんじん、エリンギは一口大に切る。しめじはほぐす。
2 鍋に油を熱し、豚肉を炒める。豚肉に火が通ったら玉ねぎ、にんじん、きのこ類を入れる。全体に油が回ったら、水を入れてカレールウのパッケージの表示時間にしたがって煮込み、とろみがついたらブロッコリーを加える。

食べるときカード
・保存 →冷凍2週間以内に食べてね
・温め方→自然解凍＋レンチン（600W）2分30秒

Freeze

電子レンジで解凍するときは油分で袋が溶けるおそれがあるので、お皿に移して解凍しましょう。

調理時間 20分 オーブントースター

おあげサンド

材料（2人分）

油揚げ――5枚
A 長ねぎ――1本
削り節――5g
ピザ用チーズ
――100g
カレールウ――2片
めんつゆ（3倍濃縮）
――大さじ1

作り方

1 長ねぎは白い部分をみじん切りに、緑の部分は5mmの輪切りにする。カレールウは細かくきざむ。
2 Aをボウルに入れて混ぜ合わせる。油揚げを半分に切り、Aを詰め、爪楊枝で口を閉じる。
3 オーブントースターで表裏5分ずつ焼いたあと、5分そのままにして余熱で火を通す。

食べるときカード
・保存 →冷凍2週間以内に食べてね
・温め方→お皿に移してレンチン（600W）30秒（1個）

1個ずつクッキングシートで包み、密閉保存袋に入れて冷凍。食べるときは、電子レンジでラップをかけずに解凍してからオーブントースターで焼くとカリッと仕上がります。

Freeze

Hahakuma's comment

肉のみを使ったメニューは、調理も冷凍・解凍もラクちん。付け合わせとして、スチームしただけの野菜（P49）も冷凍して一緒に送ると野菜不足の解消にもなります。

調理時間 15分　フライパン

ポークチャップ

材料（2人分）

豚ロース肉（とんかつ用）――4枚
塩・こしょう――少々
酒――大さじ4
A
- ウスターソース――大さじ1
- トマトケチャップ――大さじ1
- はちみつ――大さじ1
- にんにく（すりおろし）――1片分
- 水――60mℓ

サラダ油――大さじ1

作り方

1 豚肉は包丁の背で叩き、両面に塩・こしょうをふってからポリ袋に入れ、酒をもみ込み、ひと晩冷蔵庫で漬ける。

2 Aを混ぜ合わせる。

3 フライパンに油を熱し、余分な水を拭き取った肉を入れ、両面に焼き色をつけたらAを加え煮からめ、お好みでパセリをふる。

Freeze

煮汁を軽く絡めた状態で1枚ずつラップで包み冷凍しましょう。

食べるときカード

- 保存 → 冷凍 **2** 週間以内に食べてね
- 温め方 → お皿に移してレンチン（600W）**1**分（1枚の加熱時間）

調理時間 55分　鍋

豚のソース煮

材料 (2人分)

豚ロース肉(ブロック)
――500g

A
- しょうが――1片
- ウスターソース――200mℓ
- 酒――100mℓ
- 水――100mℓ

作り方

1 豚肉を鍋に入れ全面焼く。

2 Aを加えてフタをして20分煮込む。上下を返してさらに25分煮込む。

3 食べる前に煮汁をかけてお好みで小口切りにした小ねぎをちらす。

Freeze

密閉保存袋に入れて煮汁ごと冷凍。解凍して余った煮汁はゆで卵を漬けて味玉にして食べてもらいましょう！

食べるときカード
- 保存 → 冷凍 2 週間以内に食べてね
- 温め方 → お皿に移してレンチン(600W) 4分

煮汁にゆで卵を漬けて味玉にしてね！

調理時間 20分　フライパン

鶏のカチャトーラ風煮込み

材料（2人分）

鶏もも肉——1枚
〈漬けだれ〉
　プレーンヨーグルト——100g
　塩——小さじ½
玉ねぎ——½個
しいたけ——4枚
ゆでブロッコリー——6房
塩・こしょう——少々
サラダ油——大さじ1
A　カットトマト缶——120g
　ウスターソース——大さじ2
　肉の漬けだれ——大さじ1
　砂糖——小さじ1

作り方

1 鶏肉は6等分に切る。ポリ袋に**漬けだれ**と鶏肉を入れて2時間〜ひと晩冷蔵庫で漬ける。**漬けだれ**は大さじ1取っておく。
2 玉ねぎは一口大に切り、しいたけは石づきを切り落として4等分にする。
3 フライパンに油を熱し、漬けだれをよく拭き取った鶏肉を入れて焼き目をつける。
4 玉ねぎ、しいたけを加えて炒め合わせたらAを入れて弱火で10分ほど煮込む。塩・こしょうで味をととのえ、ブロッコリーを加える。

Freeze

煮汁も一緒に密閉保存袋に入れて冷凍して送ります。ブロッコリーはスナップえんどうにかえても◎。

食べるときカード
・保存→冷凍2週間以内に食べてね
・温め方→お皿に移してレンチン（600W）4分30秒

煮込むから中までしっかり火が通る♪

調理時間 25分　フライパン

ミートボール

材料（2人分）

合いびき肉——250g
玉ねぎ——1/4個
しめじ——1/2パック
ゆでブロッコリー
——6房
パン粉——1/2カップ
牛乳——大さじ3
塩・こしょう——少々
A
トマトケチャップ
——大さじ3
ウスターソース
——大さじ1
みりん——大さじ1
はちみつ——大さじ1
しょうゆ——小さじ1
サラダ油——適量

作り方

1 玉ねぎはみじん切りにする。パン粉は牛乳に浸しておく。
2 ボウルにひき肉と玉ねぎ、パン粉、牛乳、塩・こしょうを入れてよく混ぜ、一口大に丸める。
3 フライパンに油を熱し、2に焼き色がつくまで揚げ焼きにする。
4 別のフライパンに油を熱し、Aとしめじをほぐして入れ煮立ったら3を加え10分煮詰め、ブロッコリーを加え混ぜる。

食べるときカード
・保存 →冷凍2週間以内に食べてね
・温め方→お皿に移してレンチン（600W）5分

Freeze

たれも一緒に冷凍しましょう。ブロッコリーは別で送ってもOK。

スパイスは使わないのが我が家流♪

調理時間 15分　フライパン

タコスミート

材料（2人分）

豚ひき肉——250g
玉ねぎ——1/2個
にんにく（みじん切り）
——1片分
A
トマトケチャップ
——大さじ3
ウスターソース
——大さじ2
しょうゆ
——小さじ1
砂糖——小さじ1
サラダ油——大さじ1
粗挽き黒こしょう
——少々

作り方

1 玉ねぎをみじん切りにする。
2 フライパンに油を熱し、にんにくを入れ、香りが立ってきたらひき肉と玉ねぎを炒める。
3 2に完全に火が通らないうちに、Aを加えて水分が飛ぶまで炒め、黒こしょうをふる。お好みでチーズやトマトとともにご飯にのせる。

食べるときカード
・保存 →冷凍2週間以内に食べてね
・温め方→お皿に移してレンチン（600W）2分

Freeze

ピザ用チーズ、くし形に切ったミニトマト、きざみパセリと一緒にご飯にのせてタコライス風に召し上がれ。

ある日の仕送りごはん・娘編

建設関係の仕事をしていてとっても忙しい娘への仕送りごはん。私の作るごはんで少し気分転換になったりほっとしたり楽ができたりする役割を担えたらうれしいな。

❶ **冷凍みかん**
❷ 食パン
❸ 冷凍食品のおやき
❹ **具だくさんカレー**
❺ 冷凍食品のたい焼き
❻ ゆでほうれん草
❼ 塩辛じゃガーリック
❽ ぶりのみそ漬けグリル
❾ たらとブロッコリー・ミニトマトのアヒージョ
❿ ロールかつお菜
⓫ 大根ステーキ
⓬ キンパ
⓭ **ほうれん草と卵のすまし汁**
⓮ 焼きねぎとウインナーのスープ
⓯ そばの汁（卵焼き・わかめ・スナップえんどう）
⓰ 玉ねぎとわかめのみそ汁
⓱ ゆでたそば（たぬき付き）

今回は、そばの仕送りごはんに挑戦！そばはゆでてから冷凍。めんつゆには卵焼きとわかめ、スナップえんどうを入れてたんぱく質と海藻、野菜がちょっとでもとれるようにしました。具だくさんカレーのレシピはP43に、冷凍みかんのレシピはP64に載っています。

column 1

料理未満!? だけど健康的!
味つけなしで送れる食材

料理として完成させていなくても、「切っただけ」「火を通しただけ」の食材があれば、そのまま食べたり料理に使ったりできて便利。おかずと一緒に送ってあげましょう。

みそ汁セット

切って送るだけでもOK!

白菜、キャベツ、にんじん、きのこなどお好みの野菜を食べやすい大きさに切って冷凍。食べるときは解凍せずとも、そのままみそ汁の具として使えます。油揚げを入れてもOK!

温野菜

ゆでてもスチームしてもOK

野菜は、ゆでたりスチームしたりして温野菜の状態にして送るのがおすすめです。食べやすい大きさに切って冷凍し、食べるときはそのままスープや炒め物の具材にします。

ゆで大豆

水気を切って冷凍して食べるときは自然解凍

ひじき煮などに使う大豆は、たくさんゆでておいて水気を切ったら密閉保存袋に入れ、平らにして冷凍。自然解凍したものをそのまま食べたり、サラダやスープに入れても。

ご飯やスパゲッティ

味つけなしの主食も送っても!

チンするだけで食べられる冷凍ご飯は、忙しいときにとても役立つもの。ご飯は1食ずつラップに包んで、スパゲッティは、かためにゆでたらサラダ油をまぶしてから密閉保存袋に入れて平らにならし冷凍。ご飯は電子レンジ2分、スパゲッティは2～3分で解凍できます。

焼き魚

肉だけじゃなく魚も食べてほしい!

ひとり暮らしだと肉に偏りがちだったり魚焼きグリルがない場合もあって、敬遠されがちな魚は、焼き魚にしたあと1切れずるラップに包んで冷凍! 電子レンジ2分ほどで解凍できます。

思いのままのゆで加減が叶う！

母熊のゆで卵完全コントロール法

塩やマヨネーズで食べても、味玉にしても、手軽でおいしいゆで卵。
半熟から固ゆでまで、ゆで加減をコントロールする方法です。ご家庭で作っても、
離れて暮らす家族に教えてあげても！

ポイントは沸騰したお湯に冷蔵庫から出してすぐの卵を水でざっと濡らして入れるだけ！

この方法ならどの季節でも同じ時間で同じゆで加減になる！

水から卵をゆでたり、卵を常温に戻してからゆでるやり方の場合、気温によって仕上がりが変わってしまうことも。沸騰したお湯に、冷蔵庫から出してすぐの卵を水に濡らしてから入れるだけで、ゆで加減が一定に保たれます。水で濡らすのはひび割れ防止のため。一度に大量に作る場合は、卵のパックをあけてその上から水をザーッとかけ、パックを閉じて押さえながら水を切るとラクちんです。沸騰したお湯に入れるときは、スプーンなどを使って丁寧に。好みの時間で取り出したらすぐに流水で冷ましてくださいね。

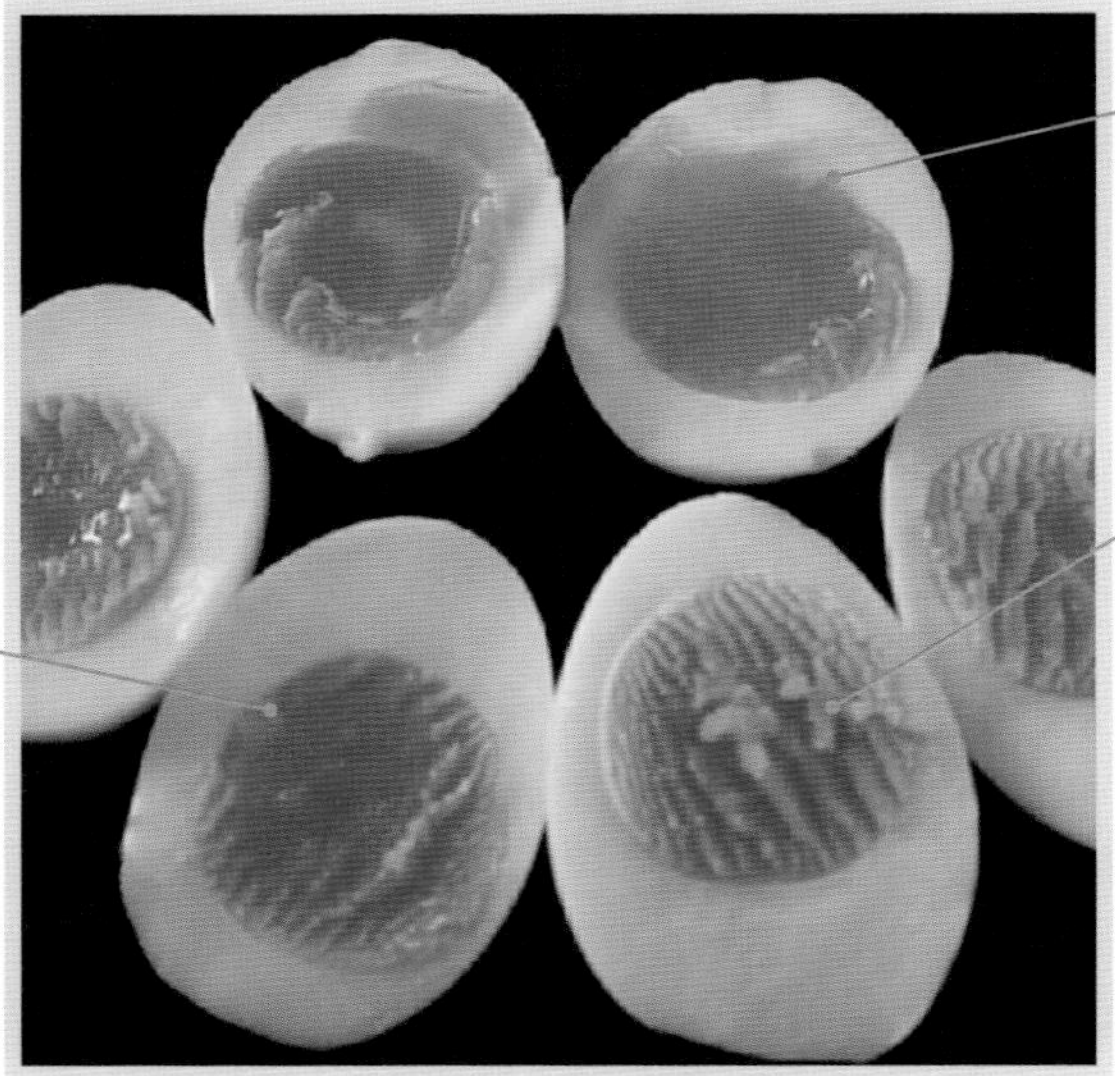

7分（半熟）

11分（固ゆで）

9分（半固ゆで）

鍋の大きさや水の量、
卵のサイズや数は、
ほとんど影響なしです！

ゆで卵は冷凍すると食感が変わってしまうので、
離れて暮らす家族には自分で作ってもらいましょう！

仕送りごはん

2章

たんぱく質も野菜もとれる満足ごはん

1日1升ものお米を炊いていたあの頃、時は過ぎて今……。

母熊の住む埼玉県は、ハレもケも「うどん」という文化が根強く、実家では、事あるごとに母がうどんを打っていました。幼かった母熊も、ビニールに包んだ生地をふみふみしてお手伝いしたことをよく覚えています。

母熊の今の暮らしの中で、さすがに手打ちうどんは作りませんが、夫が「毎日でもいい」というほどの麺類好きなので、我が家での麺ごはんの頻度は割と高めです。

冷凍で仕送りごはんにするときは、太くて厚さのある麺よりも、細いそうめんなどの方が解凍してもおいしくいただけます。

ご飯にいろんなものを混ぜ込むようになったのは、子どもたちが高校生になって、お弁当デビューしてからのことです。特に息子たちはサッカーをやっていたこともあり、おかずに対してのご飯の割合が高かったので、飽きずに食べられるよう工夫したものです。

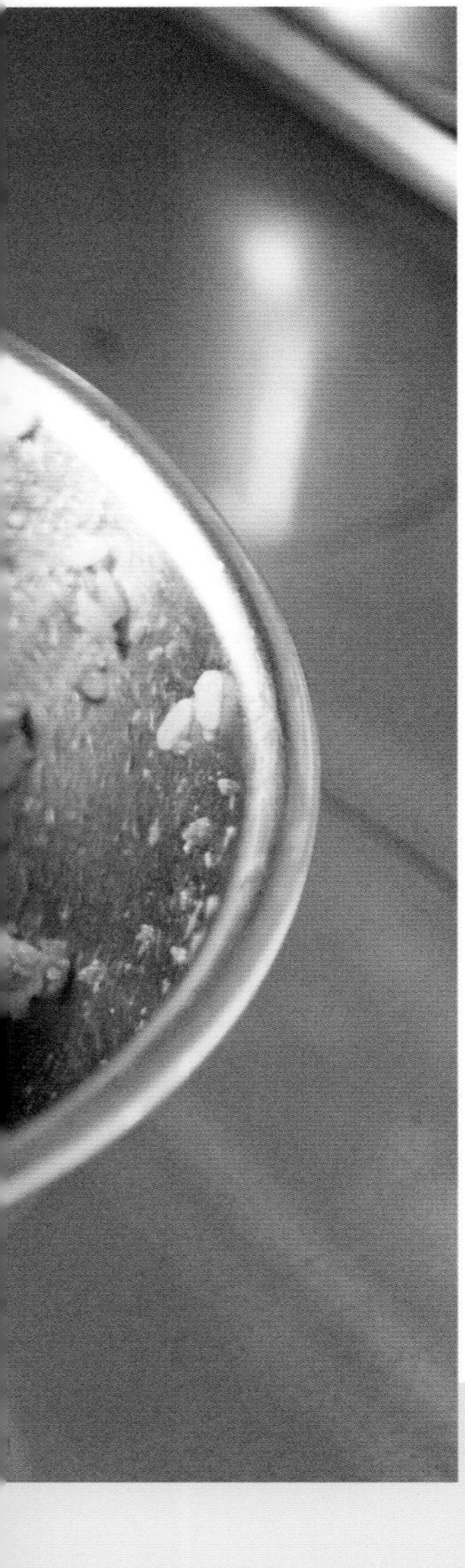

Hahakuma essay 2

そうそう！　兄弟熊が高校生のとき、30キロの玄米の袋を1か月間になんと3袋も買ったことがあります。その頃は朝7合、夜4合、1日1升以上炊いていました。スポーツ男子が2人お年頃だとかくありき、という懐かしい思い出です。

　時は過ぎ、今回掲載した「薬味たっぷりお茶漬けご飯」（P61）は、子どもが社会人になって、残業や休日出勤が続いて大変そうだなぁ、と思ったときに考えたものです。スポーツ三昧の学生時代とは、まったく別物の疲労感で、とりあえずさっぱりしたものを流し込みたい……みたいなとき、ありますものね。

　麺やご飯は糖質なので、昨今悪者にされがちな風潮もありますが、体のエネルギーの源という働きは人間が動物である限り変わることはありません。バランスの良い食事が健康な心と体を作ってくれることを心のどこかに留めておいてほしいですね。

調理時間 15分

フライパン

豚そぼろご飯

材料（2人分）

豚ひき肉——250g
ニラ——½束
ご飯—400g

A
しょうゆ——大さじ2
酒——大さじ2
砂糖——大さじ2
みそ——大さじ1

サラダ油——小さじ1

作り方

1 ニラは5㎜幅に刻む。

2 フライパンに油を熱し、ひき肉とAを入れて炒める。

3 ボウルにご飯、2、ニラを入れて混ぜ合わせる。お好みで七味をふる。

Freeze

食べるときカード
・保存 → 冷凍2週間以内に食べてね
・温め方 → お皿に移してレンチン（600W）3分

Hahakuma's comment

ご飯を冷凍仕送りするときは、平らにならしてラップに包んでから密閉保存袋に入れましょう。温めるときは、ラップごとお皿にのせて電子レンジでチンして食べてくださいね。

調理時間
10分
フライパン

枝豆入り赤ウインナーご飯

材料（2人分）

赤ウインナー——10本
むき枝豆——60g
卵——2個
塩——小さじ¼
ご飯——400g

作り方

1 卵は塩をひとつまみ（分量外）加えて、炒り卵にする。赤ウインナーは切り込みを入れて炒める。
2 ボウルにご飯、1、枝豆、塩を入れてよく混ぜる。

Freeze

食べるときカード
・保存 →冷凍2週間以内に食べてね
・温め方→お皿に移してレンチン（600W）3分

調理時間
70分
炊飯器or鍋

カリカリベーコンとさつまいもご飯

食べるときカード
・保存 →冷凍2週間以内に食べてね
・温め方→お皿に移してレンチン（600W）3分

材料（2人分）

ベーコン（薄切り）——100g
さつまいも——120g
米——2合
A 水——350mℓ
酒——大さじ2
塩——小さじ1
ごま塩——少々

作り方

1 ベーコンは1cm幅に切り、フライパンでカリカリに焼く。さつまいもは食べやすい大きさに切る。
2 炊飯器（もしくは鍋）に研いだ米、Aを入れて30分以上浸水させる。
3 2にさつまいもを加えて炊く。鍋の場合は、フタをして中火にかけ、沸騰したら弱火にして10分加熱し、火を止めて10分蒸らす。
4 3にベーコンをトッピングし、ごま塩をふる。

Freeze

調理時間 60分　炊飯器or鍋

さば缶トマト炊き込みご飯

材料（2人分）

さば水煮缶——1缶
ミニトマト——6個
しょうが（せん切り）——1片分
米——2合

A
- コンソメキューブ——1個
- しょうゆ——小さじ2
- 水——320mℓ

小ねぎ——適量

作り方

1 炊飯器（もしくは鍋）に研いだ米とAを入れて30分以上浸水させる。

2 1に缶汁ごとのさばとトマト、しょうがを入れて炊く。鍋の場合は、フタをして中火にかけ、沸騰したら弱火にして10分加熱し、火を止めて10分蒸らす。

3 小口切りにした小ねぎをトッピングする。

食べるときカード
・保存 →冷凍2週間以内に食べてね
・温め方→お皿に移してレンチン（600W）3分

Freeze

Hahakuma's comment

さば缶は汁ごと入れるのでうまみたっぷり。しょうがが臭み消し&アクセントになっておいしいんです。実はこれはもともと釜飯として作っていたレシピでした。今回は炊飯器&鍋バージョンにアレンジしてお届け。

調理時間 60分 | 炊飯器or鍋

たこめし

材料（2人分）

たこ――200g
米――2合
水――360mℓ
A | 酒――大さじ2
　| 塩――小さじ1
　| 昆布――10×10cm
　| しょうが（せん切り）――1片分
むき枝豆――適量

作り方

1 たこは薄切りにする。
2 炊飯器（もしくは鍋）に研いだ米と水を入れて30分以上浸水させる。
3 2にAを入れてざっと混ぜ、たこを加えて炊く。鍋の場合は、フタをして中火にかけ、沸騰したら弱火にして10分加熱し、火を止めて10分蒸らす。
4 枝豆を加えて混ぜる。

食べるときカード
・保存 → 冷凍 2 週間以内に食べてね
・温め方 → お皿に移してレンチン（600W）3 分

Freeze

調理時間 15分

うなぎ風ちらし

材料（2人分）

うなぎ風味かまぼこ――50g
かに風味かまぼこ――4本
錦糸卵――卵1個分
柴漬け――20g
ゆで絹さや――10本
ご飯――500g
ちらし寿司の素――適量

作り方

1 ちらし寿司の素のパッケージの表示にしたがって酢飯を作る。
2 うなぎ風味かまぼこは2cm角に、かに風味かまぼこは4等分に、絹さやは半分に切る。柴漬けは粗みじんに切る。
3 1に2と錦糸卵を飾る。

もちろん本物のうなぎで作っても！

Freeze

食べるときカード
・保存 → 冷凍 2 週間以内に食べてね
・温め方 → お皿に移してレンチン（600W）3 分

食べるときカード

・保存 →冷凍2週間以内に食べてね

・温め方→お皿に移してレンチン（600W）3分

調理時間 15分

フライパン

豚バラ大葉ガーリックご飯

材料（2人分）

豚バラ肉（薄切り）——150g
ご飯——400g
大葉——5枚
にんにく（みじん切り）——1〜2片
バター——10g
しょうゆ——小さじ1
塩・こしょう——少々

作り方

1 豚肉は食べやすい大きさに切る。大葉は1㎝角に切る。
2 熱したフライパンにバター5gを溶かし、にんにくを入れる。香りが立ったら豚肉を入れて炒める。
3 豚肉の色が変わったらご飯を入れてさらに炒め、残りのバターとしょうゆを入れ、塩・こしょうで味をととのえる。
4 火を止めて大葉を混ぜる。

食べるときカード
・保存 →冷凍2週間以内に食べてね
・温め方→お皿に移してレンチン（600W）3分

調理時間 15分　フライパン

ナポリタン風炒めご飯

材料（2人分）

ウインナー――4本
玉ねぎ――½個
ピーマン――2個
A トマトケチャップ――大さじ4
　砂糖――小さじ1
　昆布茶――小さじ1
　塩・こしょう――少々
バター――10g
ご飯――400g
パセリ（みじん切り）――適量
粉チーズ――適量

作り方

1 ウインナーは輪切りに、玉ねぎ、ピーマンは角切りにする。
2 フライパンを熱しバターを溶かしたら、1を炒め、Aを入れて混ぜ合わせる。
3 ご飯を加えて炒め合わせ、パセリと粉チーズをトッピングする。

Freeze

調理時間 15分　フライパン

ガパオ風ご飯

材料（2人分）

鶏ひき肉――250g
玉ねぎ――½個
ピーマン（赤・緑）――各1個
にんにく（みじん切り）――1片
バジル――1パック
A ナンプラー――大さじ1
　オイスターソース――大さじ1
　しょうゆ――大さじ1
　砂糖――小さじ2
ご飯――400g
サラダ油――大さじ1
塩・こしょう――少々

食べるときカード
・保存 →冷凍2週間以内に食べてね
・温め方→お皿に移してレンチン（600W）3分

作り方

1 玉ねぎとピーマン（赤・緑）を角切りにする。
2 フライパンに油を熱し、にんにくを入れ、香りが立ってきたらひき肉を入れて炒める。肉の色が変わってきたら、玉ねぎとピーマンを加えてさらに炒める。
3 2に火が通ったら、ご飯とAを加えて水分を飛ばしながら炒め、塩・こしょうで味をととのえる。
4 火を止めてバジルをちらす。

Freeze

調理時間
10分

ゆかりチーズ桜えびご飯

材料 （2人分）

野沢菜漬け――30g
スライスチーズ
　――2枚
ゆかり――小さじ2
桜えび――10g
ご飯――400g

作り方

1 野沢菜漬けは細かく刻む。スライスチーズは2〜3cm角にちぎる。

2 温かいご飯に1とゆかり、桜えびを混ぜる。

食べるときカード

・保存 →冷凍2週間以内に食べてね

・温め方→お皿に移してレンチン（600W）3分

Freeze

Hahakuma's comment

このレシピのスライスチーズはチェダーチーズを使用しました。黄色いチーズとご飯の白がコントラストになってきれいでしょ？　野沢菜漬けのシャクシャクした食感も楽しいのです。

調理時間 10分　フライパン

カレーめし

材料（2人分）

魚肉ソーセージ――1本
ゆでスナップえんどう
――7本
卵――2個
ミックスベジタブル
――100g
A
| カレー粉――小さじ1
| 中華スープの素
| ――小さじ1
| しょうゆ――小さじ1
| 塩――少々
ご飯――400ｇ
サラダ油――大さじ2

作り方

1 魚肉ソーセージは1㎝角に切る。スナップえんどうは斜め1㎝幅に切る。
2 フライパンに油を熱し、溶きほぐした卵を炒め、一旦取り出す。
3 同じフライパンで魚肉ソーセージとミックスベジタブルを炒め、ご飯を入れて混ぜながら炒め、Aを加える。最後にスナップえんどうと卵を戻し入れて混ぜ合わせる。

食べるときカード
・保存 →冷凍2週間以内に食べてね
・温め方→お皿に移してレンチン（600W）3分

Freeze

調理時間 10分

薬味たっぷりお茶漬けご飯

材料（2人分）

しらす――20g
たくあん――20g
大葉――4枚
みょうが――1本
小ねぎ――適量
梅干し――2個
昆布茶――小さじ1
塩――小さじ½
ご飯――400g

作り方

1 たくあんは細かく刻む。大葉はせん切りに、みょうがと小ねぎは小口切りにする。梅干しは種を抜いて叩いておく。
2 ご飯に昆布茶と塩を混ぜ、しらすと1の具材を混ぜる。

お茶漬けにするときはお好みで塩をふって！

食べるときカード
・保存 →冷凍2週間以内に食べてね
・温め方→お皿に移してレンチン（600W）3分

Freeze

ある日の仕送りごはん・弟熊編

今春、大学を卒業予定の弟熊。Instagramでは、動画の編集でもおなじみです（笑）。料理のスキルが高めなので、冷凍餃子やワンステップでできる焼きうどんも入れました。弟熊お気に入りのフォカッチャも冷凍して仕送り！

❶ お気に入りのフォカッチャ
❷ かまぼこチャーハン
❸ **ちくわぶのニョッキ風**
❹ **ハムチーズのフレンチトースト**
❺ 肉野菜炒めのもと
❻ ベーコンとかぼちゃとほうれん草のホワイトソース
❼ うどん
❽ **具だくさんカレー**
❾ 納豆
❿ ベーコンとかまぼことの野菜炒め
⓫ **冷凍みかん**
⓬ 冷凍餃子
⓭ 豚肉としめじと白菜の和風スープ
⓮ さつまいもとキャベツとベーコンのみそ汁
⓯ 八つ頭とキャベツと玉ねぎのみそ汁
⓰ 肉団子の春雨スープ

肉野菜炒めのもとは、ただのうどんと合わせて焼いて焼きうどん作り用。ベーコンかぼちゃほうれん草のホワイトソースは、パスタと和える用です。ハムチーズのフレンチトーストのレシピはP68に、ちくわぶのニョッキ風のレシピはP70に載っているので参考にしてみてください。

仕送りごはん

3章

手軽だけどしっかり！
パン＆麺

若い社会人にとってはちょっとお高いフルーツ。だけど、食べてほしい親心。

限りある収入の中で食費を切り詰めるとしたら、何から？　私なら、食べても食べなくても差し支えなさそうな高いもの……やっぱり、フルーツかなと思います。

お菓子とかは買っても、フルーツは買い控えてしまいそう。(笑)

だから、決して余裕があるとはいえない若い社会人たちに仕送りごはんをするときは、なるべくフルーツも入れてあげています。少しだけ心のゆとりのようなものを感じてほしいから。

そこで、我が家の定番をご紹介します。煮りんごもみかんも冷凍してから送りますが、冷蔵保存もできます。りんごやみかんを多めにいただいたら、ぜひ試してみてくださいね。

【煮りんごの作り方】

家族みんなの好物、煮りんご。シナモンとかのしゃれたもの入れなくてもおいしく作れます。生で食べるにはちょっとアレな感じのりんごを使って食品ロスを減らしましょ。

りんごの皮をむき、6〜8つのくし形に切って鍋に入れます。りんごの個数×大さじ1の砂糖とりんごの個数×小さじ1のレモン汁を入れます。ここまでの材料をざっと混ぜて30分ほど置きます。りんご1個当たり20㎖×個数分の水を入れて中火にかけます。沸騰したら火を弱め10分ほど煮てそのまま冷まして、煮汁と一緒に容器に入れて送ります。昭和の味、おふくろの味、みたいなほっとする味わいです。

【冷凍みかんの作り方】

母熊の職場の同僚・あちゃこちゃんがみかん園で教えてもらった貴重な食べ方！

みかんの外皮をむいて、半分にカットします。タッパーなどに並べて砂糖をお好きなだけふりかけて冷凍します。グラニュー糖がふりやすいけど、何でも大丈夫。味の薄いイマイチみかんもおいしく変身する裏技です。冷蔵なら、1週間ほどおいしくいただけます。

みかんは元祖冷凍フルーツ！　半解凍でしゃりしゃり食べてね。(母熊は知覚過敏だから想像するだけでなかなかの地獄だけどね・笑)

Hahakuma essay 3

レンジで鶏肉やわらか〜！

\ Freeze /

調理時間 15分　電子レンジ

レンチン鶏てりサンド

材料 (2人分)

食パン(6枚切り)——2枚
鶏もも肉——½枚
A | しょうゆ——大さじ1
　| 砂糖——大さじ1
　| みりん——大さじ1
卵——2個
塩——少々
マーガリン——適量
粒マスタード——適量
マヨネーズ——大さじ1

作り方

1 鶏肉は余分な脂を取り除き、筋切りし、ポリ袋に入れる。
2 1にAを入れてもみ込み、ひと晩冷蔵庫で漬ける。
3 耐熱容器に皮目を下にした2を調味料ごと入れてラップをふんわりかけ、電子レンジ (600W) で4分加熱する。裏返してさらに4分加熱する。
4 卵を溶きほぐし、塩とマヨネーズを加えてパンの大きさに合わせたオムレツを作る。
5 食パンにマーガリンと粒マスタードを塗り、鶏肉、オムレツを挟む。

食べるときカード
・保存 →冷凍2週間以内に食べてね
・温め方→自然解凍してからお皿に移してお好みでチン！
トースターで焼いてもOK!

Hahakuma's comment

パンを仕送りごはんにするときは、必ずマーガリンを塗りましょう。具材の水分でパンがべちゃっとするのを防いでくれます。電子レンジで解凍するとこれまたべちゃっとしてしまうので、自然解凍してから温めてくださいね！

調理時間 20分　フライパン

ソーセージとマッシュポテトのコッペパンサンド

じゃがいもはホクホクした食感のキタアカリがおすすめ！

材料（2人分）

コッペパン——2個
ソーセージ——2本
じゃがいも——中1個
バター——10g
牛乳——大さじ1
塩・こしょう——少々
マーガリン——適量
粒マスタード——適量
トマトケチャップ——適量

作り方

1 フライパンを熱し、細かく切り込みを入れたソーセージを焼く。
2 じゃがいもは皮をむき8等分してゆで、水気を切ったらバターと牛乳、塩・こしょうを加えてマッシュポテトにする。
3 コッペパンに切り込みを入れて内側にマーガリンと粒マスタードを塗り、マッシュポテトとソーセージを挟む。ケチャップをトッピングする。

食べるときカード
・保存 →冷凍2週間以内に食べてね
・温め方→自然解凍してからお皿に移してお好みでチン！トースターで焼いても OK!

Freeze

調理時間 15分

鶏ハムワカモレサンド

食べるときカード
・保存 →冷凍2週間以内に食べてね
・温め方→自然解凍してからお皿に移してお好みでチン！トースターで焼いても OK!

材料（2人分）

コッペパン——2個
鶏ハム（レシピはP30参照）——½個分
アボカド——1個
A らっきょう漬け（みじん切り）——3個分
　ライムのしぼり汁——½個分
　塩——小さじ¼
　黒こしょう——少々
　カッテージチーズ——大さじ1
マーガリン——適量

作り方

1 鶏ハムはスライスする。アボカドは細かく潰してAを混ぜ、ワカモレを作る。
2 コッペパンに切り込みを入れて内側にマーガリンを塗り、鶏ハム、1のワカモレを挟む。

Freeze

調理時間 25分 オーブン

ハムチーズのフレンチトースト

材料 (2人分)

食パン (4枚切り) ——4枚
A | 卵——2個
 | 牛乳——400mℓ
 | 砂糖——大さじ2
ハム——4枚
スライスチーズ——2枚
メープルシロップ——適量

作り方

1 Aをよく混ぜ、バットに入れて食パンを浸し、ひと晩冷蔵庫で漬ける。
2 220℃に予熱したオーブンで20分焼く。
3 ハムとチーズを挟んでメープルシロップをかける。

食べるときカード
・保存 →冷凍2週間以内に食べてね
・温め方→自然解凍してからお皿に移してお好みでチン！
トースターで焼いても OK!

甘さとしょっぱさのハーモニー！

フレンチトースも実は冷凍できます。焼き加減は、お持ちのオーブンやお好みによって調節しましょう。

Freeze

調理時間 10分 フライパン

厚焼き玉子サンド

材料 (2人分)

食パン (6枚切り) ——2枚
卵——5個
A | 砂糖——大さじ2
 | 白だし——大さじ2
マヨネーズ——適量
粒マスタード——適量

作り方

1 卵を溶きほぐし、Aを入れて混ぜ、厚焼き玉子を作る。
2 食パンにマヨネーズと粒マスタードを塗り、厚焼き玉子を挟む。

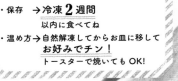

食べるときカード

・保存 →冷凍**2**週間以内に食べてね

・温め方→自然解凍してからお皿に移して**お好みでチン！**

トースターで焼いても OK!

調理時間 25分

魚焼きグリル＋フライパン

チキングラタンサンド

材料（2人分）

コッペパン――2個
鶏もも肉――1枚
ハーブソルト――少々
ピザ用チーズ――適量
マーガリン――適量
〈ホワイトソース（作りやすい分量）〉
玉ねぎ――½個
牛乳――300mℓ
薄力粉――30g
バター――30g
塩――小さじ½

作り方

1 鶏肉は余分な脂を取り除き4等分にしたらハーブソルトをふる。魚焼きグリルで十分に焼く。

2 ホワイトソースを作る。フライパンを熱しバターを溶かしたら薄切りにした玉ねぎを炒め、しんなりしてきたら薄力粉を入れて全体を混ぜ合わせる。牛乳を加えてさらに加熱し、とろみがついてきたら塩を入れ、フライパンの肌が見えるくらいになるまでかき混ぜながら煮詰める。

3 コッペパンを半分に切り、マーガリンを塗る。1と2、チーズを挟む。お好みでオーブントースターで加熱してチーズを溶かす。

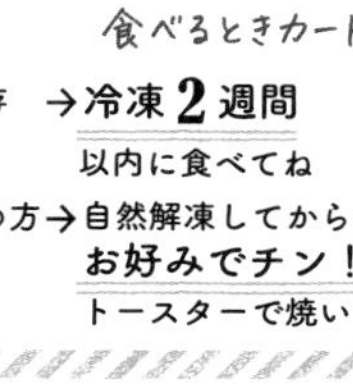

食べるときカード

・保存 →冷凍**2**週間以内に食べてね

・温め方→自然解凍してからお皿に移して**お好みでチン！**

トースターで焼いても OK!

調理時間 15分　フライパン

ちくわぶのニョッキ風

粉チーズで追いチーズ♪

食べるときカード
・保存 →冷凍2週間以内に食べてね
・温め方→お皿に移してレンチン（600W）4分

材料（2人分）

ちくわぶ――1本
合いびき肉――100g
玉ねぎ（みじん切り）――¼個分
にんにく（みじん切り）――1片分
カットトマト缶――200㎖
コンソメキューブ（細かくきざむ）――1個分
オリーブオイル――大さじ1
酒――大さじ1
塩・こしょう――適量
ピザ用チーズ――40g

作り方

1 ちくわぶは1㎝幅の輪切りにする。
2 フライパンにオリーブオイル、にんにくを入れて熱し、香りが立ったらひき肉と玉ねぎを炒め、酒を加えて水分がなくなるまで炒める。
3 2にちくわぶ、トマト缶、コンソメを入れて炒め合わせ、塩・こしょうで味をととのえる。チーズを加えてざっくり混ぜる。お好みで粉チーズときざみパセリをふる。

ちくわぶは輪切りにすると冷凍・解凍してもおいしく食べられます。太く切りすぎないのがポイントです。

Freeze

食べるときカード
・保存 →冷凍2週間以内に食べてね
・温め方→お皿に移してレンチン（600W）1分20秒（1個）

調理時間 15分　鍋

そうめんいなり

材料（2人分）

そうめん――100g
油揚げ――5枚
無頭えび――200g
錦糸卵――1個分
むき枝豆――30g
A 水――300㎖
めんつゆ（3倍濃縮）――60㎖
砂糖――大さじ2と½

作り方

1 油抜きをして半分に切った油揚げを鍋に入れ、Aを加えて落としぶたをし、5分煮含める。
2 えびは殻をむいて背わたを取り塩ゆでする。そうめんは袋の表示どおりにゆでて水気を切り、1の煮汁をからめながら油揚げの中に詰める。
3 2の上にえび、錦糸卵、枝豆を詰める。同じものを10個作る。

Freeze

油揚げの油分がそうめんから水分が出るのを防いでくれるため、このレシピならそうめんを冷凍・解凍しても食感が変わらずおいしく食べられます。

食べるときカード

・保存 →冷凍**2**週間以内に食べてね

・温め方→お皿に移してレンチン（600W）**3**分

調理時間 15分

フライパン

ナポリタン

材料（2人分）

スパゲッティ――200g
玉ねぎ――¼個
ピーマン（赤・緑）――各1個
ウインナー――4本
A | トマトケチャップ――大さじ4
  | 昆布茶――小さじ1
  | 砂糖――小さじ1
塩・こしょう――少々
バター――5g
粉チーズ――適量
パセリ（みじん切り）――適量

作り方

1 スパゲッティは袋の表示どおりにゆでて水気を切る。
2 玉ねぎは繊維と垂直に5㎜幅に切る。ピーマンは5㎜幅の輪切りに、ウインナーは5㎜厚さの斜め切りにする。
3 フライパンを熱しバターを溶かしたら玉ねぎ、ウインナーを炒め、焼き色がついたらピーマンと1を入れ、全体を炒め合わせる。
4 Aを入れて混ぜ合わせ、塩・こしょうで味をととのえ、粉チーズとパセリをふる。

Freeze

スパゲティは冷凍・解凍することでモチモチの食感になります。

Hahakuma's comment

実はこのレシピ、よく見ると味つけがP59のナポリタン風炒めご飯とまったく一緒なんです（笑）。ご飯でもスパゲッティでもおいしいケチャップ味、無敵です！

ある日の仕送りごはん・兄熊編

兄熊への仕送りごはん。筋トレが趣味の息子へのごはんということで、がっつりかたまり肉メニューが多め。兄熊の好物のくるみ＆チーズパンを添えて送ります。

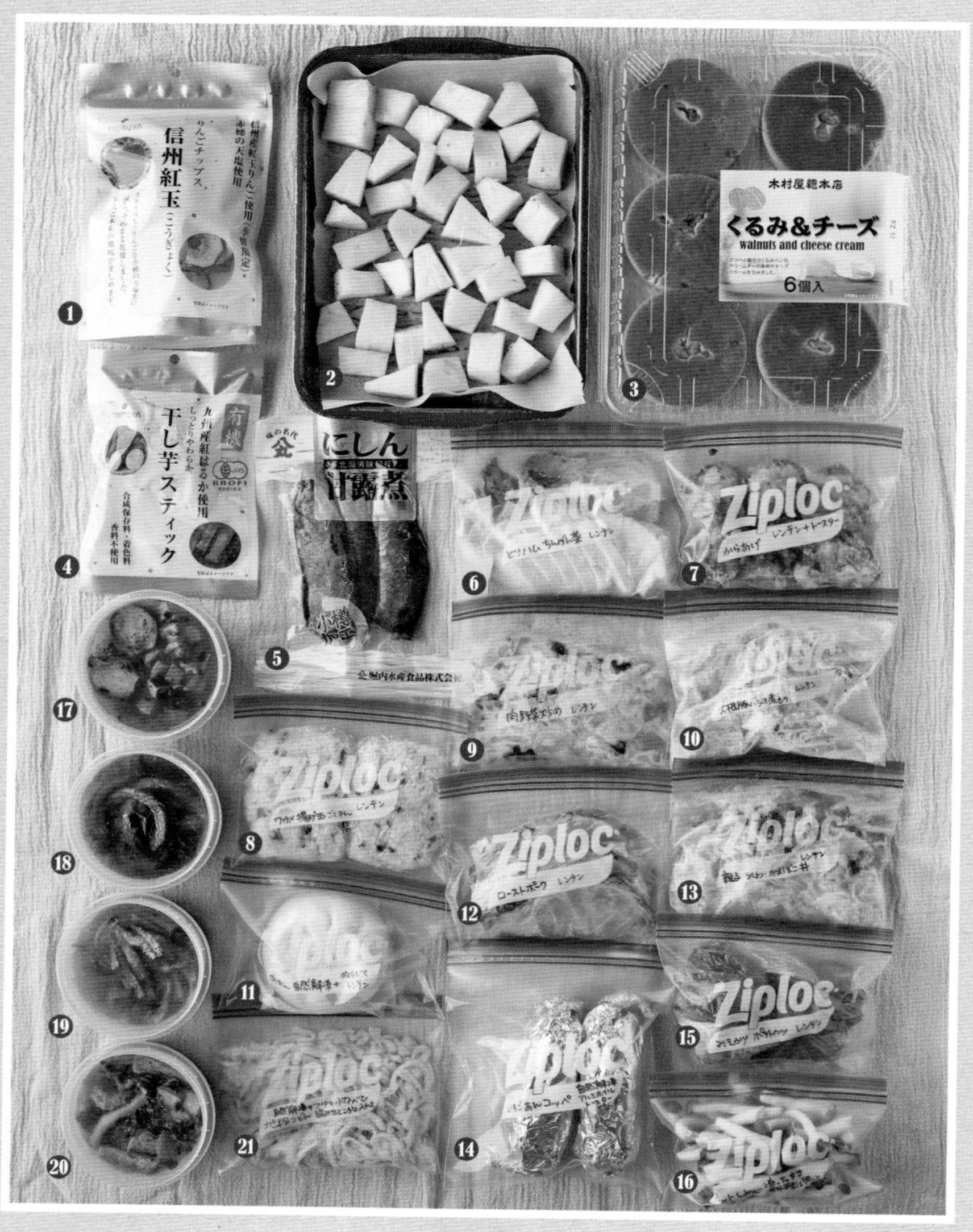

冷凍パイナップルは半解凍で食べたらおいしいですよ！　ゆでたうどんを送っていますが、解凍後のくたくた具合が好みではない場合は、具だくさんのつけ汁だけ送って、うどんは生を買ってゆでてもらうのでも◎。

❶ 市販のりんごチップス
❷ 冷凍カットパイナップル
❸ 市販のくるみ＆チーズパン
❹ 市販の干し芋スティック
❺ 市販のニシンの甘露煮
❻ **鶏ハム**
❼ **鶏からあげ**
❽ 揚げ玉わかめご飯
❾ 肉野菜炒め
❿ **大根と豚バラの甘辛煮**
⓫ 市販の冷凍肉まん
⓬ **ローストポーク**
⓭ ちくわ・かまぼこ入り親子丼の具
⓮ いちご大福風コッペパンサンド
⓯ みそカツ＆ポテトカツ
⓰ 冷凍しただけのしめじ
⓱ 8種野菜とベーコンのミネストローネ
⓲ 玉ねぎとわかめのみそ汁
⓳ 大根、にんじん、きのこ、油揚げのみそ汁
⓴ 具だくさんうどんの汁
㉑ ゆでたうどん

column 3

かけるだけで野菜＆肉がおいしい

タレ＆ドレッシングレシピ

49ページでご紹介した味付けなしの食材に、たれやドレッシングを添えて送るのもおすすめ。
野菜や肉がおいしく食べられるレシピをご紹介します。

スチーム野菜によく合う

ねぎたっぷりだれ

材料（作りやすい分量）

長ねぎ（みじん切り）――1本分
しょうが（みじん切り）――大さじ2
菜種油（サラダ油でもOK）
――大さじ3
みりん――大さじ2
しょうゆ――大さじ3
ごま油――大さじ1

作り方

1 フライパンに菜種油を熱し、長ねぎとしょうがを炒める。
2 1にしっかり火が通ってくたくたになったら、みりんとしょうゆを加える。
3 全体がなじんだらごま油を回しかける。

肉にかけて召し上がれ

甘辛しょうがだれ

材料（作りやすい分量）

しょうゆ――100mℓ
みりん――50mℓ
酒――50mℓ
しょうが（すりおろし）
――お好みの量
にんにく（すりおろし）
――お好みの量

作り方

1 小鍋に材料をすべて入れ、沸騰させる。
2 冷ましたら完成。

フレッシュサラダにぴったり！

トマトジュースドレッシング

材料（作りやすい分量）

トマトジュース――100mℓ
新玉ねぎ（すりおろし）※――大さじ1
レモン汁――小さじ1
オリーブオイル――大さじ1と½
塩・こしょう――お好みの量
タバスコ――2滴

作り方

1 ボウルにすべての材料を入れてよく混ぜ、玉ねぎがなじむまで半日ほど寝かせる。

※普通の玉ねぎを使う場合は、すりおろしてレンチンすると辛味を抑えることができます。

column 4

段ボールにスキマができたら詰めたい

おかずと一緒に送れる市販品

仕送りごはんを詰めた段ボールなどの箱にスキマができたら、
調理したものだけでなく、市販のものを詰めても◎。冷凍できるものをまとめました。

	発送時	食べるとき
パン	食パンやコッペパン、フランスパンなどは1つずつラップで包んでから冷凍し、密閉保存袋に入れて送りましょう。	食べるときは、オーブントースターや電子レンジのトースト機能で冷凍のまま焼けばOK！
切り餅	個包装されている切り餅は袋のまま、包装されていない場合は1個ずつラップで包んでから冷凍し、密閉保存袋に入れて送りましょう。	食べるときは、パン同様、冷凍した状態のままオーブントースターで焼くほか、電子レンジで加熱しても。
納豆	納豆もパックのまま冷凍できます。	食べる前の日に冷蔵庫に移して自然解凍してください。
ピザ用チーズ	ピザ用チーズをパッケージのまま送る場合は平らにならしてから冷凍するとチーズ同士がくっつかず使いやすいです。	凍った状態のまま料理に使うことができます。送ったおかずにかけて加熱し、味変《あじへん》しても！
シュークリームやどら焼き	甘いものも冷凍して送れちゃいます。個包装されているものはそのまま冷凍してOK。生クリームの分離が不安という場合は、カスタードタイプのシュークリームを選ぶといいでしょう。	食べる前の日に冷蔵庫に移して自然解凍します。シュークリームは凍ったまま食べても◎
飲み物の素	水分をたくさんとってほしい季節には麦茶パック、スポーツドリンクの素などを送るのも。緩衝材の代わりにもなります。	届けた先ではどちらも常温保存でOKです。
冷凍食品	「仕送りごはんの品数が少ないかも」というときは、いっそ冷凍食品を同封してしまうのもアリ！	パッケージに書かれている方法で温めて食べましょう。

仕送りごはん

4章

今日もお疲れさま、ほっこり癒しの具だくさんスープ

おかずが手抜きの日も、猛暑日でも……作り続けた温かい「汁物」は夫への恩返し。

4月が来たら結婚して28年。気付いたら両親に育ててもらった年月を、夫と生きてきた年月が追い越していました。料理こそ好きで続けていたものの、掃除や洗濯、家計管理などは苦手だし、我ながらお天気屋でワガママで怠け者でロクな妻ではなかったと思います。夫よ、よく耐えてくれました。これもひとえに夫の寛容さと忍耐のおかげです

　でもね私、ひとつだけ、ひとつだけ夫の希望をかなえ続けたことがあるのです。それは、「食事には汁物を添える」こと。

「え？　それだけ？」って思われるかしら。いやいや、今の日本の食卓では決して当たり前ではないはずよ。どんなにおかずは手抜きでも、40度クラスの猛暑日でも、おうちごはんには汁物を添えるんです。そのルールは、夫婦間でのものなのか、私の中の一線なのか、今となってはわかりません。

　結婚15年目くらいだったかな、夏は麦茶でもいいんじゃないかと提案したこともありましたが、夫に秒で却下されました。

　今思うとこのときのやり取りで、我が家の汁物の立ち位置がより強固なものとなった気がします。

　豚汁、ミネストローネ、ポトフ、すいとん、具だくさんの汁物は家族みんなの大好物です。

　ひとり暮らしの子どもたちが普段おそらくおざなりにしているであろう食材数の穴埋めになるよう、心を込めて材料をきざみます。

　そしてとってもポジティブすぎる予感だけれど、子どもたちがいつか家庭を持ったら、きっとこの「当たり前」を受け継いでくれる気がします。それがわかる日までたぶんたったの10年くらいですよ。夫と過ごした長い月日から見たらあっという間です。そんな未来も楽しみです。

なたね油

食べるときカード
- 保存 →冷凍**2**週間以内に食べてね
- 温め方→鍋でひと煮立ち器に移してレンチン（600W）**2**分でも！

Hahakuma's comment

汁物を解凍するときは、イチからレンチンすると加熱時間が長くなり危険です。特に、豚汁やすいとんなど、具だくさんの汁物は自然解凍してから温めましょう。

調理時間 25分 ／ 鍋

豚汁

材料（作りやすい分量）

豚バラ肉（薄切り）――100g
ごぼう――⅓本
大根――3cm
にんじん――⅓本
しいたけ――2枚
長ねぎ――½本
さといも――5個
油揚げ――½枚
A　みそ――大さじ3
　　めんつゆ（3倍濃縮）――大さじ1
水――600mℓ

作り方

1. 鍋に水を入れて沸かしている間に具材を切り、切ったものから鍋に入れていく。ごぼうはささがきに、大根、にんじんはイチョウ切りにする。しいたけは石づきを切り落として薄切りに、長ねぎは1cm幅の斜め切りにする。さといもは洗ったあと耐熱容器に入れ、電子レンジ（600W）で3分加熱し、皮をむく。油揚げは横半分に切ってから1cm幅に切る。
2. 1に豚肉を3cm幅に切って入れ、アクを取り除く。
3. 材料に火が通ったらAを入れてひと煮立ちさせ、お好みで小口切りにした小ねぎと七味をふる。

Freeze

さといもは、汁物に入れて冷凍すればまったく状態が変わらずおいしいまま。じゃがいもやさつまいもで代用してもOKです。

調理時間 15分　鍋

さつまいもとベーコンのみそ汁

材料（作りやすい分量）

ベーコン（厚切り）——80g
さつまいも（小）——1本
玉ねぎ——½個
ゆでいんげん——2本
だし汁（昆布だし）——500mℓ
みそ——大さじ2

作り方

1 ベーコンは1cm幅に、さつまいもは1cm厚さの半月切りにする。玉ねぎはくし形切りにする。
2 鍋にだし汁と1を入れ、具材に火が通ったらみそを溶き、小口切りにしたいんげんを入れる。

Freeze

ベーコンとさつまいものうまみがダイレクトに染み出ておいしい一品です。いんげんがアクセント。

食べるときカード
・保存 → 冷凍2週間以内に食べてね
・温め方 → 鍋でひと煮立ち
器に移してレンチン（600W）2分でも！

食べるときカード
・保存 → 冷凍2週間以内に食べてね
・温め方 → 鍋でひと煮立ち
器に移してレンチン（600W）2分でも！

調理時間 10分　鍋

ツナキャベツみそ汁

材料（作りやすい分量）

ツナ缶——1缶
キャベツ——⅒個
にんじん——¼本
切り干し大根——10g
だし汁——700mℓ
みそ——大さじ3
黒こしょう——少々

作り方

1 キャベツはざく切りに、にんじんはイチョウ切りにする。
2 鍋にだし汁と切り干し大根を入れて火にかける。
3 2にツナ缶を汁ごと、キャベツ、にんじんを入れる。具材に火が通ったらみそを溶き、黒こしょうをふる。

Freeze

切り干し大根は戻さずそのまま、ツナ缶もオイルごと使ってしまうラクちんかつ栄養たっぷりのレシピ。

みそ味

調理時間 25分

鍋

餃子の皮de ほうとう鍋

材料（作りやすい分量）

かぼちゃ――50g
長ねぎ――½本
やまといも――80g
油揚げ――½枚
餃子の皮――6枚
お好みのきのこ――40g
だし汁――600mℓ
A | みそ――大さじ2
　| みりん――大さじ2
　| しょうゆ――大さじ1

作り方

1 かぼちゃは食べやすい大きさに切り、長ねぎは斜めに切る。やまといもはすりおろす。油揚げは横半分に切ったあと1cm幅に切り、餃子の皮は縦4等分に切る。きのこは石づきを落としてほぐす。

2 鍋にだし汁を沸かし、かぼちゃ、長ねぎ、油揚げ、きのこを入れる。

3 2に火が通ったらやまといもをスプーンで丸めながら加える。

4 3が浮き上がってきたらAを入れ、餃子の皮を1枚ずつ加える。

Hahakuma's comment

余りがちな餃子の皮を汁物に入れてほうとう風に。シュウマイの皮でも春巻きの皮でもOKですよ。根菜のうまみが汁に溶け出してとってもおいしい一品です。

Freeze

餃子の皮はくっつきやすいので、重ならないように1枚ずつ入れて調理しましょう。

食べるときカード
・保存 →冷凍2週間以内に食べてね
・温め方→鍋でひと煮立ち
お皿に移してレンチン（600W）2分でも！

調理時間 10分 鍋

じゃがバターコーンみそ汁

材料

（作りやすい分量）

じゃがいも――2個
コーン缶――50g
だし汁――600mℓ
みそ――大さじ3
バター――適量

作り方

1 じゃがいもは1cm厚さのイチョウ切りにする。
2 鍋にだし汁と1を入れて火にかけ、火が通ったらコーンを加えてみそを溶く。
3 器に移してバターをのせる。

Freeze

じゃがいもは汁物の中に入れて冷凍すると、ポソポソした食感にならずおいしいままで食べることができます。

食べるときカード
・保存 →冷凍 2 週間以内に食べてね
・温め方→鍋でひと煮立ち 器に移して レンチン（600W） 2 分でも！

食べるときカード
・保存 →冷凍 2 週間以内に食べてね
・温め方→鍋でひと煮立ち 器に移して レンチン（600W） 2 分でも！

調理時間 5分 鍋

ニラ玉みそ汁

材料

（作りやすい分量）

ニラ――½束
卵――2個
だし汁――600mℓ
みそ――大さじ3

作り方

1 ニラは3cm長さに切る。卵は溶きほぐす。
2 鍋にだし汁を沸かし、みそを溶く。
3 2が沸騰したらぐるぐる混ぜながら卵を流し込み、ニラを加える。

Freeze

ニラと卵の定番の組み合わせをみそ汁に。かきたまは冷凍・解凍してもふわふわおいしく食べられます。

調理時間 90分

鍋

塩豚ポトフ

食べるときカード

・保存 →冷凍2週間以内に食べてね

・温め方→鍋でひと煮立ち

器に移してレンチン（600W）2分でも！

材料（作りやすい分量）

豚肩ロース肉（ブロック）——200g

塩——小さじ1

砂糖——小さじ½

玉ねぎ——½個

にんじん——¼個

トマト——1個

カリフラワー——6房

ブロッコリー——6房

水煮大豆——50g

水——500mℓ

酒——100mℓ

コンソメキューブ——1個

作り方

1 豚肉に塩と砂糖をすり込みキッチンペーパーで包み、その上からさらにラップで包み、2〜5日間冷蔵庫で寝かせる。

2 玉ねぎは繊維に沿って半分に切り、にんじんは輪切りにして面取りをする。トマトは6等分に切る。

3 鍋に水、酒、寝かせた1を入れて火にかけ、アクを取りながら弱火で1時間煮る。

4 コンソメ、玉ねぎ、にんじん、大豆を入れてさらに20分煮込み、最後にトマト、カリフラワー、ブロッコリーを加える。塩豚は食べやすい大きさに切る。

Freeze

塩豚は取り分けるときに切るのがポイント。塩豚のほろほろ食感は冷凍してもそのままです。

Hahakuma's comment

ブロック肉を使ったメニューって、作るのに手間がかかる印象があり敬遠されがちですよね。でも、母熊のレシピは簡単な下味で放っておくだけ。塩豚ポトフもそのうちのひとつ。ぜひチャレンジしてみてくださいね。

食べるときカード

・保存 →冷凍2週間以内に食べてね

・温め方→鍋でひと煮立ち 器に移して レンチン（600W）2分でも！

調理時間 30分　フライパン＋鍋

ハンバーグのカマンベールチーズ鍋

材料（作りやすい分量）

〈ハンバーグ（作りやすい分量）〉

合いびき肉——500g

A | パン粉——1カップ
　| 卵——1個
　| 牛乳——60mℓ

玉ねぎ（みじん切り）——½個分

塩——小さじ½

こしょう——少々

サラダ油——大さじ1

〈鍋〉

玉ねぎ（くし形切り）——½個分

にんじん（輪切り）——¼本分

ブロッコリー ——2房

エリンギ（縦半分に切る）——1パック分

ミニトマト——6個

水——400mℓ

B | カットトマト缶——150mℓ
　| コンソメキューブ——1個
　| トマトケチャップ——大さじ1
　| しょうゆ——小さじ1
　| はちみつ——大さじ1

カマンベールチーズ——2個

作り方

1 Aを混ぜ合わせ、冷蔵庫で1時間以上置く。

2 ひき肉に塩、こしょうを入れてねばり気が出るまでこねる。玉ねぎと1を加えてさらに混ぜたら4等分にして丸く成形する。

3 フライパンにサラダ油を熱し、2を入れて焼き目がつくまで焼く。裏返したら湯（200mℓ、分量外）を入れてフタをし、蒸し焼きにする。

4 鍋に水と野菜を入れる。沸騰したらBと3のハンバーグを入れて煮込む。最後にチーズを加える。

Freeze

中まで火が入りにくいハンバーグもお鍋に入れて煮込んでしまえば安心です。

調理時間 15分　鍋

ミネストローネ

材料（作りやすい分量）

ベーコン（ブロック）——50g

にんじん——¼本

玉ねぎ——¼個

大根——2cm

じゃがいも——1個

キャベツ——2枚分

いんげん——4本

マッシュルーム——30g

水煮大豆——40g

カットトマト缶——100mℓ

コンソメキューブ——1個

水——500mℓ

黒こしょう——少々

作り方

1 ベーコン、にんじん、玉ねぎ、大根、じゃがいも、キャベツ、いんげんは1cm角に切る。マッシュルームは石づきを落とし8等分のくし形切りにする。

2 鍋に水、1、大豆、トマト缶、コンソメを入れて具材に火が通るまで15分ほど煮込み、黒こしょうをふる。

Freeze

ベーコンと野菜はなるべく同じ大きさに切ると、火の通りもはやく、食べるときも解凍しやすくなります。

食べるときカード

・保存 →冷凍2週間以内に食べてね

・温め方→鍋でひと煮立ち 器に移して レンチン（600W）2分でも！

調理時間 20分 鍋

すいとん

食べるときカード
- 保存 →冷凍2週間以内に食べてね
- 温め方→鍋でひと煮立ち
  器に移してレンチン（600W）2分でも！

すいとんを手でこねるのはいや！ だからスプーンで作ります。

材料（作りやすい分量）

豚バラ肉（薄切り）――60g
ごぼう――¼本
にんじん――⅕本
長ねぎ――⅓本
お好みのきのこ――50g
ゆでいんげん――4本
だし汁――500ml

A
しょうゆ――大さじ2
みりん――大さじ2

B
薄力粉――40g
塩――1つまみ
水――大さじ3

作り方

1 豚肉は食べやすい大きさに切る。ごぼうは斜め薄切りに、にんじんは5mm幅のイチョウ切りに、長ねぎは1cm幅の輪切りにする。きのこは石づきを落としてほぐす。

2 鍋にだし汁を沸かし、ごぼうときのこを入れる。ごぼうに火が通ったら豚肉、にんじん、長ねぎを加える。具材に火が通ったらAを入れる。

3 Bを粘りが出るまでスプーンでよく混ぜ合わせ、スプーン2本を使って丸めながら2に入れる。浮き上がってきてから2〜3分煮込む。最後にゆでいんげんを入れる。

Freeze

すいとんはなるべく小さめに汁に落とすと解凍したときにモチモチ食感が保たれます。

Hahakuma's comment

みなさんがお住まいの地域は「すいとん」食べますか？　母熊の実家ではうどんを作ったときに余った汁にすいとんを入れて食べるのが定番でした。母熊にとってはおなじみのメニューなのです。

調理時間 10分　鍋

ほうれん草と卵のすまし汁

材料（作りやすい分量）

ほうれん草——½束
卵——2個
だし汁——500mℓ
しょうゆ——小さじ1
塩——小さじ½

作り方

1 ほうれん草は下ゆでしてから食べやすい大きさに切る。卵は溶きほぐしておく。
2 鍋にだし汁を沸かし、しょうゆ、塩、ほうれん草を入れる。沸騰したら、卵をかき混ぜながら加える。

Freeze

ほうれん草は下ゆでしてえぐみや苦みを防ぎましょう。汁の色もきれいなままで見た目もおいしそうになります。

食べるときカード
・保存 →冷凍 2 週間以内に食べてね
・温め方→鍋でひと煮立ち
器に移してレンチン（600W） 2 分でも！

調理時間 20分　鍋

豚バラゆずのみぞれ鍋

材料（作りやすい分量）

豚バラ肉（薄切り）
——150g
白菜——1／8個
大根——¼本分
えのき——1パック
ゆずの皮（せん切り）
——適量
だし汁——500mℓ
A しょうゆ
——大さじ1と½
みりん
——大さじ1と½
塩——小さじ½
ゆずのしぼり汁
——1個分

作り方

1 豚肉と白菜は食べやすい大きさに切る。大根はすりおろす。えのきは石づきを切り落としてほぐす。
2 鍋にだし汁を沸かし、白菜、豚肉、えのき、大根おろしの順番に入れて煮込む。
3 具材に火が通ったらAを入れてひと煮立ちさせ、最後にゆずの皮を加える。

食べるときカード
・保存 →冷凍 2 週間以内に食べてね
・温め方→鍋でひと煮立ち
器に移してレンチン（600W） 2 分でも！

Freeze

ゆずのさわやかな風味を冷凍で閉じ込めてそのままお届けできます。

調理時間 25分 ｜ 鍋

えびとブロッコリーのシチュー

材料（作りやすい分量）

無頭えび――240g
ブロッコリー――8房
玉ねぎ――1個
にんじん――1本
バター――40g
薄力粉――40g
牛乳――400mℓ
水――200mℓ
コンソメキューブ――1個
塩――少々
サラダ油――大さじ1

作り方

1 えびは背わたを取って殻をむき、塩、片栗粉、酒（各少々・分量外）をまぶして少し置き、水で洗い流す。ブロッコリーは塩ゆでする。玉ねぎは7㎜幅の細切り、にんじんは薄い乱切りにする。

2 鍋に油を熱し、えびの表面に焼き色をつけたら一旦取り出す。同じ鍋にバターを溶かし、玉ねぎとにんじんを炒める。玉ねぎが透き通ってきたら、薄力粉を加えてさらに炒める。

3 2に牛乳、コンソメを加え、とろみがついてきたら水を入れてさらに煮込む。シチューらしいとろみがついてきたらえびを戻して3分ほど煮込み、塩で味をととのえる。最後にブロッコリーを加える。

Freeze

クリーム系のスープを解凍するときは、必ず自然解凍してから加熱しましょう。冷凍状態のものをそのまま加熱すると分離することがあります。

食べるときカード
・保存 →冷凍2週間以内に食べてね
・温め方→鍋でひと煮立ち
器に移してレンチン（600W）2分でも！

Hahakuma's comment

クリームシチューは、市販のルウがなくても簡単にできます。具材は旬のものやそのときにあるもので大丈夫。ご飯にかけてもパンに合わせても◎。

食べるときカード
・保存 → 冷凍 2 週間
以内に食べてね
・温め方 → 鍋でひと煮立ち
器に移し
レンチン（600W）2 分でも！

調理時間 20分　鍋

海鮮豆乳鍋

材料（2人分）

無頭えび——50g
甘塩たら——1切れ
ほたて——60g
白菜——1枚
春菊——¼束
にんじん——½本
長ねぎ——½本
しいたけ——2個
豆乳——200mℓ
だし汁（昆布だし）——300mℓ
みそ——大さじ2

作り方

1 えびは背わたを取って殻をむき、塩、片栗粉、酒（各少々・分量外）をまぶして少し置き、水で洗い流す。たら、白菜、春菊は一口大に切る。にんじんは5mm厚さの半月切りに、長ねぎは1cm幅の斜め切り、しいたけは石づきを切り落とす。
2 鍋にだし汁を沸かし、えび、たら、ほたてを入れる。再び沸騰したら春菊以外の野菜としいたけを入れて煮る。
3 具材に火が通ったら豆乳を入れてみそを溶く。最後に春菊を加える。

Freeze

豆乳は煮込むとたんぱく質が分離してモロモロした状態になりがち。弱火かつ昆布だしで煮込むとサラサラした見た目を保てます。

調理時間 20分　鍋

かぼちゃのポタージュ

材料（作りやすい分量）

かぼちゃ——¼個
玉ねぎ——½個
サラダ油——大さじ1
水——150mℓ
コンソメキューブ——1個
牛乳——300mℓ
砂糖——小さじ1
塩——小さじ½

作り方

1 かぼちゃは3cm厚さのくし形切りにしたあと、7mm幅に切る。玉ねぎは繊維に沿って薄切りにする。
2 鍋に油を熱し、玉ねぎを炒める。火が通ったらかぼちゃを加えて炒め合わせ、油が全体に回ったら水を加えてかぼちゃに火が通るまで煮込む。
3 2にコンソメ、牛乳を加えてハンドブレンダーで撹拌し、砂糖と塩で味をととのえる。

かぼちゃは、にんじんで代用しても作ることができます。

Freeze

食べるときカード
・保存 → 冷凍 2 週間
以内に食べてね
・温め方 → 鍋でひと煮立ち
器に移して
レンチン（600W）2 分でも！

トーストを浸して食べてね！

Hahakuma's comment

春雨は一度戻したりせず、そのまま鍋に入れるからラクちんです。レシピの野菜に限らず、冷蔵庫の残り野菜大集合で作っちゃってください！

調理時間 20分　鍋

春雨スープ

材料（作りやすい分量）

緑豆春雨――15g
乾燥きくらげ――3g
ハム――2枚
にんじん――1/4本
ニラ――10g
長ねぎ――1/3本
えのき――80g
しいたけ――1枚
水――600mℓ
A 中華スープの素――小さじ1
オイスターソース
――小さじ1
ごま油――小さじ1
塩・こしょう――少々
白いりごま――適量

作り方

1 きくらげは水で戻し細切りにする。

2 ハム、にんじんは短冊切りに、ニラは4cm長さに切る。長ねぎは輪切りにする。えのきは石づきを切り落としてほぐす。しいたけは石づきを落として薄切りにする。

3 鍋に水を入れて沸かし、春雨とAを入れる。きくらげ、ニラ以外の2を加えて煮込む。

4 ごま油を入れ、塩・こしょうで味をととのえる。最後にニラを加え、白ごまをふる。

Freeze

春雨は汁物に入れると、解凍したときもチュルチュルした食感そのままで味わえます。

食べるときカード

・保存 → 冷凍2週間以内に食べてね
・温め方 → 鍋でひと煮立ち
器に移してレンチン（600W）2分でも！

食べるときにポン酢を足してもおいしいよ!

食べるときカード
- 保存 →冷凍2週間以内に食べてね
- 温め方→鍋でひと煮立ち器に移してレンチン(600W)2分でも!

調理時間 30分　鍋

豆腐入り肉団子鍋

材料(作りやすい分量)

〈肉団子〉
豚ひき肉——150g
玉ねぎ(みじん切り)——¼個分
塩麹——小さじ2
しょうが(みじん切り)——1片分
片栗粉——小さじ2
酒——小さじ2

〈鍋〉
木綿豆腐——½丁
白菜——1枚
長ねぎ——½本
にんじん——¼本
えのき——80g
しいたけ——2枚
水——600mℓ

A
中華スープの素——小さじ2
オイスターソース——小さじ2
しょうゆ——小さじ2

作り方

1. ひき肉に塩麹を入れよくこねたら、他の肉団子の材料も加えてさらにこね、一口大に丸める。
2. 豆腐と白菜は食べやすい大きさに切る。長ねぎは1cm幅の斜め切り、にんじんは薄く半月切りにする。えのきは石づきを切り落とし半分に切る。しいたけは石づきを切り落とす。
3. 鍋に水を沸かし、1を入れひと煮立ちしたらAと2を加えて煮込む。

Freeze

豆腐は冷凍しても食感が変わりにくい木綿豆腐を使うのがおすすめです。

調理時間 10分　鍋

のりはんぺんキムチスープ

材料(作りやすい分量)

はんぺん——1枚
白菜キムチ——40g
のり——½枚
水——600mℓ
中華スープの素——小さじ1
ごま油——少々
小ねぎ(小口切り)——適量

作り方

1. はんぺんは1〜2cm角に切る。キムチは食べやすい大きさに切る。
2. 鍋に水を入れて沸かし、中華だしの素を溶かしたら、のりをちぎり入れる。
3. はんぺんとキムチを加えてひと煮立ちしたらごま油をたらす。最後に小ねぎをちらす。

Freeze

はんぺんはスープに入れて冷凍すると、作りたての食感そのまま食べることができておいしいです。

食べるときカード
- 保存 →冷凍2週間以内に食べてね
- 温め方→鍋でひと煮立ち器に移してレンチン(600W)2分でも!

食材別インデックス

野菜

食材別インデックス

魚介類

海産加工品

おわりに

Instagramで仕送りごはんを投稿すると、ありがたいことにたくさんのコメントをいただきます。その中で解凍したあとの状態をご心配いただくことがあるのですが、実は母熊もけっこう手探りだったりするので、明快なお答えができないことがあります（汗）。

麺が伸びてしまいませんか？　↓はい、たぶん伸びます！

でも、うちの子は煮込み系のくたくたになった麺も好きなので、そんなに心配していません。こればかりは許容範囲や好みもあるので、お互いの理解を深めていくことが一番ではないかと思う次第です。

「ごめん、やわらかすぎた？　じゃ次は別の作り方にしてみるね」

家族だからこそ、そんなコミュニケーションをしながら満足できる仕送りごはんを一緒に育てていくのも楽しいものです。そうそう、本のレシピはたまたま（?）冷蔵庫にあった材料から作っていますので、皆さんも遠慮なく手元にある材料を使ってくださいね。じゃんじゃんアレンジして、世界でたったひとつのおうちの味に仕上げてもらえたら最高です。

最後に、密閉保存袋がてててっと並んだ地味な画像でしかない母熊の仕送りごはんに目を留め、想像もできなかった場所まで連れてきてくださったＫＡＤＯＫＡＷＡの蓮本さん、私のぐちゃぐちゃな頭の中をそのまんまぶちまけたようなレシピを落ちや漏れがないよう整理しながら、優しく寄り添い続けてくれたライターの須川さん、感嘆するセンスと器用さで私の料理をサポートしながら、目を見張るようなスタイリングで平凡な料理に魔法をかけてくださったスタイリストの廣松さん、真摯に写真と向き合い、最高の一枚を撮るために全力を注いでくださったカメラマンのさいとうさん（合間に見せてくれるかわいらしい素顔が最高でした！）、縁の下の力持ち、調理補助に来てくれたひさえちゃんとみゆきちゃん、ひさえちゃんはおいしいロケ弁でみんなの活力を引き出してくれました！

　皆さんの強くそして温かなサポートがあったからこそ、ここまでたどり着くことができました。本当にありがとうございました。

　そして、このような素晴らしい機会をいただけたのも、いつも母熊のＩｎｓｔａｇｒａｍを応援してくださるフォロワーの皆さんのおかげです。たくさんの「いいね」そしてコメントに感謝の気持ちでいっぱいです。この本が、ここまで私を押し上げてくださったフォロワーの皆さんへ、少しばかりのご恩返しとなりますことを願ってやみません。

母熊

母熊（ははくま）

おうちごはん研究家。会社員として働きながら、大地の恵みと生きる日々を「#お昼が楽しみになるお弁当」のハッシュタグにのせて発信。かんたんで、おいしいおかずのレシピが人気でInstagramフォロワーは10万人を突破。3人の子どもの母でもあり、忙しく働く我が子のために家で作ったおかずを「仕送り実家便」として送る。
Instagram：@rosso___

離《はな》れて暮《く》らす大切《たいせつ》な家族《かぞく》に届《とど》ける作《つく》りおき実家便《じっかびん》！

仕送《しおく》りごはん

2021年 3月18日　初版発行
2024年 4月 5日　6版発行

著者／母熊《ははくま》

発行者／山下　直久

発行／株式会社KADOKAWA
〒102-8177　東京都千代田区富士見2-13-3
電話　0570-002-301(ナビダイヤル)

印刷所／図書印刷株式会社

●お問い合わせ
https://www.kadokawa.co.jp/（「お問い合わせ」へお進みください）
※内容によっては、お答えできない場合があります。
※サポートは日本国内のみとさせていただきます。
※Japanese text only

定価はカバーに表示してあります。

ISBN 978-4-04-605150-9　C0077